王曉欣 鄭旭東 魏亦樂 編著

元代湖州路戶籍文書

第三册

——元公文紙印本《增修互注禮部韻略》紙背公文資料

中華書局

紙背録文篇

册一　上平聲第一

葉十一上

[ST—Z:1·11a·1]

一户王万四，元係湖州路安吉縣浮玉鄉六管施村人氏，亡宋時爲漆匠户，至元十二年十二月内歸附
　計家：親属陸口
　　男子叁口
　　　成丁貳口
　　　　男王万十年肆拾貳歲〔一〕　弟王十三年叁拾伍□
　　　不成丁壹口本身年陸拾玖歲
　　婦人叁口
　　　　妻徐一娘年柒拾歲　男婦葉三娘年叁□
　　　　孫女王娜娘年玖歲
事産：
　田土貳拾柒畝〔二〕玖分伍厘
　　水田貳畝壹分伍厘　陸地捌分
　　山貳拾伍畝
　房舍瓦屋貳間

〔一〕歲　原文作「歳」，爲「歲」之異體字，徑改，後凡遇此字皆同。
〔二〕畝　原文作「畒」，爲「畝」之異體字，徑改，後凡遇此字皆同。

15 孳畜：黄牛壹□
16 營生：漆匠

[ST—Z：1·11b·2]

1 一户王万六，元係湖州路安吉縣浮玉鄉六管施村人氏，亡宋時爲漆匠户，至元十二年十二月内歸附
2 計家：親属肆口
3 男子貳口
4 成丁壹口本身年伍拾柒歲
5 不成丁壹口男王双兒年陸歲
6 婦人貳口
7 妻朱八娘年肆拾玖歲
8 事産：
9 田土壹拾畝玖分
10 水田壹畝叁分　陸地肆分
11 山玖畝貳分
12 房舍瓦屋壹間
13 營生：漆匠

[ST—Z：1·11b·3]

1 一户施六七，元係湖州路安吉縣浮玉鄉六管施村人氏，亡宋時爲鋸匠户，至元十二年十二月内歸附
［後闕］

葉十二上

〔ST—Z：1・12a・4〕

〔前闕〕

1 成丁壹口
2 本身年肆拾歲
3 不成丁壹口
4 男陳千四年壹拾叁歲
5 婦人壹口
6 母親錢二娘年柒拾伍歲
7 事産：
8 田土玖畝柒分伍厘
9 水田伍分
10 陸地壹畝捌分
11 山柒畝肆分伍厘
12 房舍瓦屋貳間
13 營生：鋸匠

〔ST—Z：1・12a・5〕

1 一户盧千十，元係湖州路安吉縣浮玉鄉六管東盧村人氏，亡宋時爲匠户，至元十二年十二月内歸附

葉十二下

15　14　13　12　11　10　9　8　7　6　5　4　3　2

計家：貳口
親屬貳口
男子貳口
成丁壹口
本身年伍拾柒歲
不成丁壹口
男盧万四年壹拾貳歲
事産：
田土貳畝陸分伍厘
水田貳分伍厘　陸地貳畝肆分
房舍
瓦屋貳間
孳畜：無
營生

葉十三上

[ST—Z：1·13a·6]

［前闕］

1 計家：親屬肆口

2 男子叁口

3 成丁壹口本身年肆拾壹歲

4 不成丁貳口

5 男俞廿四年壹拾貳歲　男俞婆兒年伍歲

6 婦人壹口妻施四十娘年叁拾伍歲

7 事産：

8 地土壹畝貳厘

9 陸地伍分貳厘　山伍分

10 房舍瓦屋貳間

11 營生

[ST—Z：1·13a·7]

1 一户岳廿四〔一〕，元係湖州路安吉縣浮玉鄉一管三户村人氏，亡宋時爲泥水匠〔二〕，至元十二年十二月内歸附

2 計家：親屬貳口

3 男子不成丁壹口本身年柒拾伍歲

〔一〕該户與同册葉四十九「岳廿四」户爲同一户。

〔二〕爲泥水匠　同册葉四十九重複户作「作泥水匠户」。

4 婦人壹口妻沈氏年陸拾捌歲
5 事産：
6 地土貳畝陸分
7 陸地伍分　山貳畝壹分
8 房舍瓦屋貳間
9 營生：泥水匠

[ST—Z:1・13b・8]

1 一户俞三乙[一]，元係湖州路安吉縣浮玉鄉一管三□[二]村人氏，亡宋時爲絮匠户[三]，至元十二年十二月内歸附
2 計家：親属貳口
3 男子不成丁壹口本身年柒拾貳歲
4 婦人壹口妻阿沈年柒拾柒歲
5 事産：
6 田土柒畝叁分伍厘
7 水田伍分　陸地肆畝柒分□□
8 山貳畝玖厘
9 房舍瓦屋貳間
10 ▯[四]

〔一〕該户與同册葉四十九「俞三乙」户爲同一户。

〔二〕三□　原文「三」後作「[illegible]」，據同册葉四十九重複户作「户」，故此處當係「户」之省寫。

〔三〕爲絮匠户　同册葉四十九重複户作「作絮匠户」。

〔四〕據同册葉四十九「俞三乙」户可知，該行爲營生信息，是該户末行，又本葉其他人户「營生」皆占一行，此處占一行的可能性極大，故後面不加「後闕」。

葉十四上

[ST—Z：1·14a·9]

［前闕］

男子叁口〔一〕

成丁貳口

本身年肆拾伍歲　弟俞万三年叁拾□

不成丁壹口姪俞十六年伍歲

婦人壹口母親郎双娘年柒拾壹歲

事産：

地土叁畝陸厘

陸地貳畝壹分陸厘　山玖分

房舍瓦屋貳間壹步

孳畜：黄牛壹頭

營生：絮匠

[ST—Z：1·14a·10]

一户胡十三，元係湖州路安吉縣浮玉鄉一管三户村人氏，亡宋時爲匠户，至元十二年十二月内歸附

計家：親属玖口

男子伍口

〔一〕據該户第三行「弟俞万三」、第四行「姪俞十六」可知爲俞姓人户，且與同册葉四十九第一户爲同一户。

4 成丁貳口
5 男胡廿六年肆拾貳歲　男胡千一年叁拾歲
6 不成丁叁口
7 本身年伍拾玖歲　孫胡双頂年捌歲
8 孫胡小娜年貳歲
9 婦人肆口
10 母親俞千二娘年柒拾伍歲　妻陳二娘年伍拾歲
11 男婦章七四娘年叁拾歲　男婦施六娘年□
12 事産：
13 田土壹拾伍畝柒分肆厘
14 水田叁畝肆厘　陸地玖畝柒分
15 山叁畝
16 房舍瓦屋伍間壹步
17 營生

[ST—Z：1・14b・11]

1 一户俞三四，元係湖州路安吉縣浮玉鄉一管三户村人氏，亡宋時爲匠户，至元十二年十二月内歸附

[後闕]

葉十五上

[ST—Z：1・15a・12]

[前闕]

1 孫俞万七年伍歲　孫俞双児年□

2 婦人貳口

3 媳婦施二娘年肆拾貳歲　媳婦郎四娘年□

4 事産：

5 田土壹拾伍畝貳分肆厘

6 水田叁分捌厘　陸地伍畝肆分□□

7 山玖畝肆分

8 房舍瓦屋壹間

9 孳畜：黄牛壹頭

10 營生：竹匠

[ST—Z：1・15a・13]

1 一户俞二十一，元係湖州路安吉縣浮玉鄉一管俞村人氏，亡宋作鋸匠户，至元十二年十二月内歸附

2 計家：親屬叁口

3 男子貳口

4 成丁壹口男俞五八年叁拾伍歲
5 不成丁壹口本身年陸拾玖歲
6 婦人壹口妻朱二娘年柒拾歲
7 事産：
8 地土壹拾叁畝柒分捌厘
9 陸地貳畝肆分捌厘　山壹拾壹畝叁分
10 房舍瓦屋貳間
11 營生：鋸匠

［ST—Z：1·15b·14］

1 一户郎五八，元係湖州路安吉縣浮玉鄉一管俞村人氏，亡宋作鋸匠户，至元十二年十二月内歸附
2 計家：親属壹口
3 男子壹口
4 成丁壹口
5 本身年叁拾伍歲
6 事産：
7 地土柒畝肆分壹厘

［後闕］

葉十六上

[ST—Z：1・16a・15]

［前闕］

1 妻胡氏年陸拾伍歲　媳婦王氏年叁拾貳歲

2 孫女施壽娘年柒歲

3 事産：

4 地土壹拾壹畝叁分貳厘

5 陸地貳畝捌分肆厘　山捌畝肆分捌厘

6 房舍瓦屋壹間

7 營生：鋸匠

[ST—Z：1・16a・16]

1 一户施千八，元係湖州路安吉縣浮玉鄉一管俞村人氏，亡宋作鋸匠户，至元十二年十二月内歸附

2 計家：親屬伍口

3 男子肆口

4 成丁貳口

5 本身年伍拾歲　弟施三兒年叁拾□

6 不成丁貳口

7 弟施四兒年壹拾肆歲　□施八八年壹拾□

8 婦人壹口
9 母親俞三娘年捌拾壹歲
10 事産：
11 地土壹拾畝伍分叁厘
12 陸地貳畝柒分捌厘　山柒畝柒分伍厘
13 房舍瓦屋壹間
14 營生：鋸匠

[ST—Z：1·16b·17]

1 一户俞八十，元係湖州路安吉縣浮玉鄉一管俞村人氏，亡宋作竹匠户，至元十二年十二月内歸附
2 計家：親属捌口
3 男子陸口
4 成丁貳口
5 男俞九九年肆拾伍歲　男俞千一年肆拾□□
6 不成丁肆口
7 本身年捌拾歲　男俞万三年玖歲

[後闕]

葉十七上

[ST—Z：1·17a·18]

[上殘][一]

1 □匠，至元十二年十二月内□附

[中闕]

2 □母親郎百二娘年肆□

3 事産：

4 □

5 □陸地捌分伍厘

6 □

7 房□

8 營生：泥水

[ST—Z：1·17a·19]

1 一户石八三，元係湖州路安吉縣浮玉鄉三管黨里村人氏，亡宋作泥水匠，至元十二年十二月内歸附

[一] 葉十七上有大面積紙張被縱向揭去一層，故第十八户之前有無字迹無法確定，今以「上殘」標示。

2 計家：親屬肆口

3 　男子叁口

4 　　成丁貳口

5 　　　本身年伍拾貳歲　　　兄石□年伍拾柒歲

6 　　不成丁壹口男石虎兒年壹拾歲

7 　婦人壹口妻潘十四娘年肆拾歲

8 事産：

9 　田土壹拾陸畝玖分叁厘

10 　　水田叁畝壹分捌厘　　　□地叁畝玖分叁厘

11 　　山玖畝捌分貳厘

12 　房舍瓦屋貳間

13 營生：泥水

［ST—Z:1·17b·20］

1 一户□湖州路安吉縣浮玉鄉三管人氏，亡宋作木匠，至元□

［後闕］

葉十八上

［ST—Z：1・18a・21］

1 一户潘九，元係湖州路安吉縣浮玉□□管□亡宋□

［中闕］

2 弟□ 男□

3 不成丁□

4 □ □歲

5 婦人：貳口

［中闕］

6 營□匠

［ST—Z：1・18a・22］

1 □村人氏，亡宋民户，至元十二年十二月内歸附

葉十八下

2 □□

3 □□口

［後闕］

葉十九上

[ST—Z：1・19a・23]

［前闕］

1 計家：親属肆口

2 男子叁口

3 成丁壹口本身年伍拾捌歲

4 不成丁貳口

5 男顧五一年壹拾叁歲　次男顧五二年壹拾壹歲

6 婦人壹口妻姚三娘年陸拾歲

7 事産：

8 地土貳畝柒分叁厘

9 陸地貳畝柒分叁厘

10 房舍瓦屋貳間

11 營生：裁縫匠

[ST—Z：1・19a・24]

1 一户成十二，元係湖州路安吉縣浮玉鄉肆管上市村人氏，亡宋時爲木匠户，至元十二年十二月内歸附

2 計家：親属柒口

3 男子肆口

成丁壹口弟成十三年肆拾伍歲

不成丁叁口

本身年陸拾伍歲　姪成万九年玖歲

次姪成歸児年叁歲

婦人叁口

母親周四娘年捌拾伍歲　妻蔣十四娘年陸拾歲

弟婦陸三娘年叁拾陸歲

事産：

田土壹拾伍畝伍分

水田貳畝伍分

陸地肆畝

山玖畝

房舍瓦屋壹間

營生：木匠

葉二十上

〔ST—Z：1・20a・25〕

〔前闕〕

不成丁壹口

次男施婆兒年壹拾貳歲

婦人壹口

女施妹娘年叁歲

事産：

田土壹拾叁畝柒分陸厘

水田壹畝　　陸地壹畝伍分

山壹拾壹畝貳分陸厘

房舍瓦屋貳間

營生：木匠

〔ST—Z：1・20a・26〕

一户施五九，元係湖州路安吉縣浮玉鄉二管埡〔一〕田村人氏，亡宋作紙匠户，至元十二年十二月内附

計家：親属捌口

男子陸口

成丁貳口

男施三四年肆拾玖歲　　孫施□□□貳拾歲

〔一〕埡　原文作「垭」，應爲「垭」字之誤，統改作「埡」。後凡遇此字皆同。

葉二十下

6 不成丁肆口

7 本身年柒拾捌歲

8 次孫施烏兒年柒歲

9 孫施大丑年伍歲

10 孫施小丑年貳歲

11 婦人貳口

12 妻蔡一娘年柒拾壹歲　　媳婦王一娘年肆拾歲

13 事産：

14 田土壹拾陸畝叁分貳厘

15 水田叁畝貳分貳厘

16 陸地叁畝叁分

17 山玖畝捌分

18 房舍瓦屋貳間

19 營生：紙匠

葉二十一上

[ST—Z：1·21a·27]

［前闕］

1 事産：
2 田土貳拾叁畝貳分陸厘
3 水田伍畝壹分陸厘　陸地貳畝叁分伍厘
4 山壹拾伍畝柒分伍厘
5 房舍瓦屋貳間
6 營生：木匠

[ST—Z：1·21a·28]

1 一户施二，元係湖州路安吉縣浮玉鄉二管埡田村人氏，亡宋作木匠户，至元十二年十二月内歸附
2 計家：親属柒口
3 男子肆口
4 成丁貳口
5 男施十二年叁拾伍歲　次男施九十年貳拾陸歲
6 不成丁貳口
7 本身年柒拾伍歲　孫施娜児年貳歲
8 婦人叁口

9　媳婦梅娜娘年叁拾歲　孫女施娜娘年壹拾貳歲
10　孫女施小妹年陸歲
11　事産：
12　田土壹拾玖畝伍厘
13　水田叁畝捌分　陸地壹畝肆分
14　山壹拾叁畝捌分伍厘
15　房舍瓦屋貳間
16　營生：木匠

［ST—Z：1・21b・29］

1　一户施六，元係湖州路安吉縣浮玉鄉二管埜田村人氏，亡宋作木匠户，至元十二年十二月内歸附
2　計家：肆口
3　親屬肆口
4　男子叁口
5　成丁貳口
6　本身年伍拾伍歲　男施丑兒年叁拾伍歲

［後闕］

葉二十二上

[ST—Z：1・22a・30]

［前闕］
計家：親屬伍口〔一〕
男子叁口
成丁壹口本身年肆拾叁歲
不成丁貳口
男郎歸兒年壹拾歲　次男郎小娜年陸歲
婦人貳口
妻錢三娘年伍拾叁歲　女郎娜娘年捌歲
事産：
地土叁拾肆畝柒分伍厘
陸地捌畝柒分伍厘　山貳拾陸畝
房舍瓦屋貳間
營生：木匠

[ST—Z：1・22a・31]

一户朱千十〔二〕，元係湖州路安吉縣浮玉鄉三管人氏，亡宋作絮匠〔三〕，至元十二年十二月内歸附
計家：親屬肆口
男子貳口

〔一〕據該户第五行「男郎歸兒」可知爲郎姓人户，且與同册葉七十二郎姓人户爲同一户。
〔二〕該户與同册葉七十二「朱千十」户爲同一户。
〔三〕絮匠　同册葉七十二重複户作「匠户」，且「匠」字係修改而成。

成丁壹口
本身年肆拾壹歲
不成丁壹口
男朱双兒年壹拾叁歲
婦人貳口
妻施卯娘年貳拾柒歲
女朱帰娘年伍歲
事産：
田土壹拾陸畝壹分捌厘
水田壹畝肆分　陸地貳畝柒分捌厘
山壹拾貳畝
房舍瓦屋壹間
營生：
絮匠

葉二十三上

［ST—Z：1·23a·32］

［前闕］

1 田土壹拾叁畝玖分叁厘

2 水田貳畝捌分 陸地肆畝壹分叁厘

3 山柒畝

4 房舍瓦屋壹間

5 孳畜：黄牛壹頭

6 營生：絮匠

［ST—Z：1·23a·33］

1 一户潘十二，元係湖州路安吉縣浮玉鄉五管上市村人氏，亡宋民户，至元十二年十二月内歸附

2 計家：玖口

3 親屬玖口

4 男子陸口

5 成丁貳口

6 男万七年叁拾歲

7 男万九年貳拾伍歲

不成丁肆口
本身年柒拾歲
姪孫大丑年壹拾叁歲
姪孫小丑年玖歲
姪多兒年陸歲
婦人叁口
姪婦姚一娘年肆拾歲
姪婦姚二娘年叁拾歲
姪女孫丑娘年貳歲
事産：
田土肆拾陸畝陸分
水田柒畝伍分　陸地壹拾畝壹分
山貳拾玖畝
房舍瓦屋貳間
孳畜：黄牛貳頭
營生

葉二十四上

[ST—Z：1·24a·34]

［前闕］

1 陸地壹畝玖分捌厘
2 房舍草屋壹間
3 營生

[ST—Z：1·24a·35]

1 一户徐六，元係湖州路安吉縣浮玉鄉五管上市村人氏，亡宋作匠户，至元十二年十二月内歸附
2 計家：親屬捌口
3 男子肆口
4 成丁壹口本身年伍拾歲
5 不成丁叁口
6 男十一年玖歲　男十四年貳歲
7 男十五年壹歲
8 婦人肆口
9 母親姚一娘年捌拾叁歲　妻姚千七娘年肆拾柒歲
10 女十二娘年捌歲　女十四娘年伍歲
11 事産：

12 田土貳拾肆畝叁分肆厘

13 水田肆畝壹分　陸地捌畝柒分肆厘

14 山壹拾壹畝伍分

15 房舍瓦屋貳間

16 營生

[ST—Z:1·24b·36]

1 一户潘万四，元係湖州路安吉縣浮玉鄉五管上市村人氏，亡宋作絮匠，至元十二年十二月内歸附

2 計家：親屬伍口

3 男子肆口

4 成丁貳口

5 本身年伍拾歲　男胖兒年叁拾歲

6 不成丁貳口

7 男十一年壹拾叁歲　孫娜兒年貳歲

8 婦人壹口男婦施双娘年貳拾歲

9 事産：

[後闕]

葉二十五上

[ST—Z : 1 • 25a • 37]

一户施小一，元係湖州路安吉縣移風鄉五管坎頭村人氏，亡宋民户，至元十二年十二月内歸附，見於本村住坐應當[民]□
計家：親属貳口
男子不成丁壹口本身年陸拾貳歲
婦人壹口母親惠一娘年捌拾壹歲
事産：
地土伍畝肆分
陸地叁畝玖分　山壹畝伍分
房舍瓦屋壹間
營生：養種

[ST—Z : 1 • 25a • 38]

一户施二十九，元係湖州路安吉縣移風鄉五管坎頭村人氏，亡宋民户，至元十二年十二月内歸附，見於本村住坐應當民役
計家：親属壹口
男子成丁壹口本身年肆拾陸歲
事産：
田土壹拾叁畝捌厘
水田捌厘　陸地貳畝

7 山壹拾壹畝
8 房舍瓦屋壹間
9 營生：養種

［ST—Z：1·25b·39］

1 一户施百一，元係湖州路安吉縣移風鄉五管坎頭村人氏，亡宋民户，至元十二年十二月内歸附，見於本村住坐應當民役
2 計家：親属男子成丁壹口本身年肆拾伍歲
3 事産：
4 田土壹拾叁畝貳分伍厘
5 水田叁畝肆分伍厘　陸地貳畝捌分
6 山柒畝
7 房舍瓦屋壹間
8 營生：養種

［ST—Z：1·25b·40］

1 一户施二十四秀，元係湖州路安吉縣移風鄉五管坎頭村人氏，亡宋民户，至元十二年十二月内歸附，見於本村賃屋住坐應□
2 計家：親属壹口
3 男子不成丁壹口本身年陸拾貳歲
4 營生：養種

葉二十六上

［ST—Z : 1 • 26a • 41］

一户施千五，元係湖州路安吉縣移風鄉陸管塘裏村人氏，亡宋民户，至元十二年十二月内歸附，見於本管住坐應當民役

　計家：親属壹拾貳口

　　男子捌口

　　　成丁叁口

　　　　長男施十八年伍拾歲　　　次男施六年壹拾玖歲

　　　　姪施五年貳拾肆歲

　　　不成丁伍口

　　　　本身年陸拾陸歲　　　次男施胖兒年壹拾肆歲

　　　　孫男施觀德年壹拾歲　　　孫男施釦兒年柒歲

　　　　孫男施娜兒年貳歲

11 婦人肆口

12 妻王三娘年陸拾壹歲　男婦姚五娘年肆拾捌歲

13 男婦陳三娘年壹拾陸歲　女孫施妹娘年伍歲

14 事産：

15 田土壹頃肆拾柒畝伍分伍厘

16 水田壹拾玖畝伍分　陸地捌畝壹分貳厘

17 山壹頃壹拾玖畝玖分叁厘

18 房舍肆間内

19 瓦屋貳間

20 草屋貳間

21 營生：養種

［ST—Z：1·26b·42］

1 一户施万二，元係湖州路安吉縣移風鄉陸管塘里村人氏，亡宋民户，至元十二年十二月内歸附，見於本管住坐應當民役

2 計家：親屬壹拾壹口

3 男子捌口

4 成丁肆口

［後闕］

葉二十七上

[ST—Z:1·27a·43]

［前闕］

1 妻李四娘年柒拾歲　男婦沈三娘年肆拾玖歲
2 孫男婦沈阿十娘年叁拾歲
3 事産：
4 田土壹拾叁畝
5 水田壹畝伍分　陸地伍畝伍分
6 山陸畝
7 房舍瓦屋貳間壹步
8 孳畜：
9 黄牛壹頭
10 營生：
11 鐵〔一〕匠

[ST—Z:1·27a·44]

1 一户陳万三，元係湖州路安吉縣移風鄉壹管人氏，亡宋作桶匠，至元十二年十二月内歸附
2 計家：貳口

〔一〕鐵　原文作「鉄」，考慮到紙背原文大多寫作「鐵」，故統改爲「鐵」，後凡遇此字皆同。

親屬貳口
男子壹口
成丁壹口
本身年肆拾伍歲
婦人壹口
母親沈一娘年陸拾伍歲
事産：
田土壹拾肆畝肆分伍厘
水田壹畝柒分　陸地肆畝柒分伍厘
山捌畝
房舍
草屋壹間
孳畜：無
營生：
桶匠爲〔一〕活

〔一〕爲　原文作「為」，乃「爲」之異體字，徑改，後凡遇此字皆同。

葉二十八上

[ST—Z：1・28a・45]

[前闕]

地土叁拾壹畝柒分伍厘

陸地陸畝柒分伍厘　　山貳拾伍畝

房舍

瓦屋貳間壹步

營生：

木匠爲活

[ST—Z：1・28a・46]

一户李十四，元係湖州路安吉縣移風鄉一管人氏，亡宋作瓦匠，至元十二年十二月内歸附

計家：肆口

親屬肆口

男子叁口

成丁壹口

弟多兒年肆拾伍歲

不成丁貳口

本身年陸拾玖歲

男歸兒年陸歲
婦人壹口
妻王二娘年伍拾玖歲
驅口無
典雇身人無
事産：
田土壹拾畝伍厘
水田壹畝
陸地貳畝伍厘
山柒畝
房舍
瓦屋叁間
孳畜：無
營生：
瓦匠爲活

葉二十九上

［ST—Z：1·29a·47］

［前闕］

1 水田貳畝陸分伍厘　陸地肆畝

2 山壹拾玖畝伍分

3 房舍瓦屋貳間壹步

4 營生：養種

［ST—Z：1·29a·48］

1 一户楊四十，元係湖州路安吉縣移風鄉二管壁門村人氏，亡宋民户，至元十二年十二月内歸附，見於本村住坐應當民役

2 計家：親属壹口

3 男子成丁壹口本身年肆拾伍歲

4 事産：

5 地土壹拾陸畝叁分壹厘

6 陸地貳畝捌分　山壹拾叁畝伍分壹厘

7 房舍瓦屋壹間

8 營生：養種

［ST—Z：1·29a·49］

1 一户余大三，元係湖州路安吉縣移風鄉二管壁門村人氏，亡宋民户，至元十二年十二月内歸附，見於本村住坐應當民役

2 計家：親属壹口

3 男子成丁壹口本身年貳拾貳歲

4 事産：
5 田土貳拾畝肆分伍厘
6 水田壹畝玖分　陸地叁畝伍分伍厘
7 山壹拾伍畝
8 房舍瓦屋壹間壹步
9 營生：養種

[ST—Z：1·29b·50]

1 一户施二十四，元係湖州路安吉縣移風鄉二管壁門村人氏，亡宋民户，至元十二年十二月内歸附，見於本村住坐應當民役
2 計家：親屬壹口
3 男子成丁壹口本身年肆拾柒歲
4 事産：
5 田土壹拾伍畝貳分
6 水田伍畝捌分　陸地貳畝玖分
7 山陸畝伍分
8 房舍瓦屋壹間
9 營生：養種

[ST—Z：1·29b·51]

1 一户余二十九，元係湖州路安吉縣移風鄉二管壁門村人氏，亡宋〔一〕，至元十三年十二月〔二〕内歸附，見於本村住坐應當民役

［後闕］

〔一〕亡宋　據行文慣例及上下文義，「亡宋」後疑脱「民户」二字。

〔二〕至元十三年十二月　據《元史》卷八《世祖本紀五》（中華書局點校本，一九七六年版，第一七二頁）：「（至元十二年十二月）丙寅，阿剌罕軍次安吉州，宋安撫使趙與可以城降。」元軍占領湖州的時間爲至元十二年年底，又據紙背前後條文例，「十三年」當爲「十二年」之誤。

葉三十上

［ST—Z：1・30a・52］

1　一户施七三娌，元係湖州路安吉縣移風鄉二管壁門村人氏，亡宋民户，至元十二年十二月内歸附，見於本村住坐應當民役
2　計家：親屬貳口
3　男子不成丁壹口孫男卸五年陸歲
4　婦人壹口本身年陸拾柒歲
5　事産：
6　田土叁拾畝柒分伍厘
7　水田貳畝捌分　陸地壹畝玖分伍厘
8　山貳拾陸畝
9　房舍瓦屋壹間
10　營生：養種

［ST—Z：1・30a・53］

1　一户施八二娌，元係湖州路安吉縣移風鄉二管壁門村人氏，亡宋民户，至元十二年十二月内歸附，見於本村住坐應當民□
2　計家：親屬叁口
3　男子貳口
4　不成丁貳口
5　男施大丑年壹拾歲　男施小丑年捌歲

婦人壹口本身年貳拾柒歲
事産：
田土肆拾玖畝肆分伍厘
水田陸畝貳分伍厘　陸地伍畝伍分
山叁拾柒畝柒分
房舍瓦屋貳間
營生：養種

[ST—Z：1·30b·54]

一户施千二，元係湖州路安吉縣移風鄉二管壁門村人氏，亡宋民户，至元十二年十二月内歸附，見於本村住坐應當民役
計家：親屬叁口
男子不成丁壹口
本身年陸拾貳歲
婦人貳口
母親夏十二娘年柒拾伍歲　妻沈七娘年肆拾伍歲
事産：
田土貳拾陸畝壹分伍厘

[後闕]

葉三十一上

[ST—Z : 1 • 31a • 55]

一

1 一户洪七十，元係湖州路安吉縣移風鄉六管塘裏村人氏，亡宋民户，至元十二年十二月内歸附，見於本管住坐□
2 民户差役
3 計家：貳口
4 親屬貳口
5 男子不成丁壹口
6 本身年陸拾貳歲
7 婦人壹口
8 嫂沈四娘年柒拾捌歲
9 事産：
10 田土肆拾貳畝叁分
11 水田貳畝玖分伍厘　陸地柒畝伍分
12 山叁拾壹畝捌分伍厘
13 房舍瓦屋壹間
14 營生：養種

[ST—Z : 1 • 31a • 56]

1 一户□阿三，元係湖州路安吉縣□□鄉六管□民户，至元十二年十二□見於□

2 應當民役
3 計家：親屬壹口
4 男子成丁壹口本身年貳拾伍歲
5 事産：
6 田土叁拾壹畝
7 水田貳畝　陸地貳畝
8 山貳拾柒畝
9 房舍
10 瓦屋壹間
11 營生：養種

［ST—Z：1・31b・57］

1 一户漏廿七秀，元係湖州路安吉縣移風鄉六管塘裹村人氏，亡宋民户，至元十二年十二月内歸附，見於□
2 坐應當民役
3 計家：親屬壹口
4 男子成丁壹口
5 本身年肆拾壹歲

［後闕］

葉三十二上[一]

[ST—Z : 1 • 32a • 58]

四

一户郎七八㛐[二]，元係湖州路安吉縣移風鄉六管新墟村人氏，亡宋民户，至元十二年十二月内歸附，見於本管住坐應當民□

計家：叁口

親屬叁口

婦人叁口

本身年柒拾壹歲

男婦陳五娘年伍拾壹歲

女孫郎婆娘年伍歲

事産：

田土捌畝壹分

水田壹畝捌分

陸地壹畝柒分

山肆畝陸分

房舍

瓦屋貳間壹步

[一] 該葉内容與同册葉六十九所載基本相同，所不同者，葉六十九排列更爲緊湊，故葉末内容多出數行。

[二] 該户與同册葉六十九「郎七八㛐」户爲同一户。

15 孳畜：
16 　黄牛壹頭
17 營生：養種

[ST—Z：1·32b·59]

1 一户蔣十九〔一〕，元係湖州路安吉縣移風鄉六管新墟村人氏，亡宋民户，至元十二年十二月内歸附，見於本管住坐應當□
2 計家：壹口
3 　親属壹口
4 　　男子壹口
5 　　　成丁壹口
6 　　　　本身年肆拾捌歲
7 事産：
8 　地土柒分伍厘
9 　　陸地柒分伍厘
10 　房舍瓦屋壹間
11 營生：養種

[ST—Z：1·32b·60]

1 一户郎九九〔二〕，元係湖州路安吉縣移風鄉六管新墟村人氏，亡宋民户，至元十二年十二月内歸附，見於□
2 屋住坐應當民役

〔後闕〕

〔一〕該户與同册葉六十九「蔣十九」户爲同一户。

〔二〕該户與同册葉六十九「郎九九」户爲同一户，判斷依據見於同册葉六十九相關注釋。

葉三十三上〔一〕

[ST—Z：1·33a·61]〔二〕

［前闕］

1 計家：親属壹口

2 　　男子不成丁壹口

3 　　　本身施小歸年玖歲

4 事産：

5 　田土伍畝柒分陸厘

6 　　水田貳畝伍分　　陸地叁畝貳分陸厘

7 營生：養種

[ST—Z：1·33a·62]

1 一户郎三〔三〕，元係湖州路安吉縣鳳亭鄉四管金村人氏，亡宋民户〔四〕，至元十二年十二月内歸附，見於本管賃屋住坐應當民□

2 計家：親属壹口

3 　　男子不成丁壹口

4 　　　本身郎三年柒拾捌歲

5 事産：

6 　陸地貳畝伍分

7 營生：養種

〔一〕該葉與册二葉八内容基本相同，爲重複葉。

〔二〕該户爲「施小歸」户，與册二葉八「施小歸」户内容基本重複，故亦爲同一户。另，同册葉三十四「施小歸」户應爲該户及册二葉八「施小歸」户共同缺失之户頭。

〔三〕該户與册二葉八「郎三」户爲同一户。

〔四〕亡宋民户　册二葉八重複户作「亡宋時民户」。

［ST—Z：1・33b・63］

1 一户朱五十秀〔一〕，元係湖州路安吉縣鳳亭鄉四管金村人氏，亡宋時民户，至元十二年十二月内歸附，見於本管賃屋住□

2 計家：親屬壹口

3 男子成丁壹口

4 本身年伍拾歲

5 事産：

6 田土壹頃壹拾叁畝陸分肆厘

7 水田壹拾陸畝捌分捌厘　陸地壹拾玖畝柒分捌厘

8 山柒拾陸畝玖分捌厘

9 營生：養種

［ST—Z：1・33b・64］

1 一户施十〔二〕，元係湖州路安吉縣鳳亭鄉四管金村人氏，亡宋民户〔三〕，至元十二年十二月内歸附，見於本管住坐應當民□

2 計家：親屬壹口

3 男子成丁壹口

4 本身年伍拾肆歲

5 事産：

6 田土壹拾柒畝壹分叁厘

7 水田叁畝伍分　陸地捌畝陸分叁厘

［後闕］

〔一〕該户與册二葉八「朱五十秀」户爲同一户。

〔二〕該户與册二葉八「施十」户爲同一户。

〔三〕亡宋民户　册二葉八重複户作「亡宋時民户」。

葉三十四上

[ST—Z：1·34a·65]

1 一户李百十，元係湖州路安吉縣鳳亭鄉四管金村人氏，亡宋時民户，至元十二年十二月内歸附，見於本管住坐應當民役
2 計家：親屬貳口
3 男子不成丁壹口本身年陸拾貳歲
4 婦人壹口妻鄭六娘年陸拾玖歲
5 事産：
6 陸地貳畝玖分
7 瓦屋壹間壹步
8 營生：養種

[ST—Z：1·34a·66]

1 一户梅九㛹，元係湖州路安吉縣鳳亭鄉四管金村人氏，亡宋時民户，至元十二年十二月内歸附，見於本管住坐應當□
2 計家：親屬叁口
3 男子貳口
4 不成丁貳口
5 男子梅小壽年壹拾叁歲　次男梅弟兒年壹拾歲
6 婦人壹口

7　　本身梅九娙年伍拾歲
8　事産：
9　　田土叁畝捌分貳厘
10　　　水田壹畝伍分　　陸地貳畝叁分貳厘
11　　房舍貳間
12　　　瓦屋壹間　　草屋壹間
13　營生：養種

[ST—Z : 1 • 34b • 67]

1　一户徐十九娙，元係湖州路安吉縣鳳亭鄉四管金村人氏，亡宋民户，至元十二年十二月内歸附，見於本管住坐應當民役
2　計家：親属貳口
3　　婦人貳口
4　　　本身徐十九娙年伍拾歲　　女徐妹娘年壹歲
5　事産：
6　　陸地貳畝叁分
7　　草屋壹間
8　營生：養種
1　一户施小歸[一]，元係湖州路安吉縣鳳亭鄉四管金村人氏，亡宋民户，至元十二年十二月内歸附，見於本管賃屋住坐應當□

[後闕]

[一] 該户户主與同册葉三十三第一户皆爲「施小歸」户，據同册葉三十三後面人户信息推斷亦應爲「安吉縣鳳亭鄉四管金村人氏」，又考慮兩處内容關聯，疑該户即葉三十三上「施小歸」户缺失的户頭。因爲同册葉三十三「施小歸」户和册二葉八「施小歸」户内容基本重複，故該處應爲上述兩處共同缺失的户頭。

葉三十五上

[ST—Z：1・35a・68]

一户汪三三，元係湖州路安吉縣鳳亭鄉叁管汪家邊人氏，亡宋時作民户附籍，至元十二年十一月内歸附，見於□
　　　　應當民役
　　計家：親属貳口
　　　男子貳口
　　　　成丁壹口
　　　　　汪三三年叁拾玖歲
　　　　不成丁壹口
　　　　　弟汪娜年壹拾叁歲
　　事産：
　　　田土壹拾畝玖分

11 水田陸分　陸地壹拾畝叁分
12 房舍瓦屋壹間
13 孳畜：黄牛壹頭
14 營生：養種

[ST—Z：1·35b·69]

1 一户汪八十，元係湖州路安吉縣鳳亭鄉叁管汪家邊人氏，亡宋時作民户附籍，至元十二年十一月内歸附，見於本管□
2 當民役
3 計家：親屬貳口
4 男子貳口
5 成丁貳口
6 汪八十年肆拾肆歲　弟汪多兒年叁拾歲
7 事産：
8 地土叁畝柒分
9 陸地貳畝柒分　山壹畝
10 房舍瓦屋壹間壹步
11 營生：養種

葉三十六上

[ST—Z：1·36a·70]

［前闕］

1 計家：貳口

2 親屬貳口

3 男子貳口

4 成丁貳口

5 本身潘六十道年肆拾捌歲　男潘十一年貳拾歲

6 事産：

7 陸地玖分柒厘

8 營生：養種

[ST—Z：1·36a·71]

1 一户王十四，元係湖州路府城倉場界人氏，亡宋時作民户附籍，至元十二年十二月内歸附，於至元二十六年正月内移在鳳亭鄉

陸管

2 賃屋住坐應當民户差役

3 計家：肆口

4 親屬肆口

5 男子貳口

6 成丁壹口本身王十四年伍拾捌歲

7 不成丁壹口男何〔一〕丑年壹拾壹歲

8 婦人貳口

〔一〕何　原文作「何」，據起名慣例，疑爲「阿」字之誤。

9 妻沈十二娘年伍拾歲　女妹娘年玖歲
10 營生：雜趁〔一〕

〔ST—Z：1・36b・72〕

1 一户施六四，元係湖州路安吉縣銅山鄉伍管人氏，亡宋時作民户附籍，至元十二年十二月内歸附，至元十九年移居鳳亭鄉陸□
2 保住坐應當民户差役
3 計家：伍口
4 親属伍口
5 男子壹口
6 成丁壹口
7 本身施六四年叁拾捌歲
8 婦人肆口
9 母親章十娘年伍拾柒歲　妻何万八娘年叁拾歲
10 女婆奴年玖歲　女歸娘年陸歲
11 事産：
12 田土陸拾伍畝柒厘

〔後闕〕

〔一〕趁　原文作「趂」，爲「趁」之異體字，徑改，後凡遇此字皆同。

葉三十七上

[ST—Z:1・37a・73]

1 一户方十七，元係湖州路安吉縣鳳亭鄉二管後澤村人氏，亡宋民户附籍，至元十二年十二月内在[本]□

2 住坐應當民役

3 計家：叁口

4 親屬叁口

5 男子貳口

6 成丁壹口

7 本身方十七年叁拾陸歲

8 不成丁壹口

9 男方千一年壹拾貳歲

10 婦人壹口

11 母親都十娘年伍拾陸歲

12 事産：

13 陸地貳畝貳分

14 房舍瓦屋壹間壹步

15 營生：養種

［ST—Z：1・37b・74］

1 一户章阿一，元係湖州路安吉縣鳳亭鄉二管後澤村人氏，亡宋時民户附籍，至元十二年十二月内歸附，即目見於□
2 　　應當民户差役
3 計家：伍口
4 　親屬伍口
5 　　男子肆口
6 　　　成丁叁口
7 　　　　本身年伍拾柒歲　　　男章万八年貳拾肆歲
8 　　　　男章万九年貳拾歲
9 　　　不成丁壹口章歸兒年壹拾壹歲
10 　　婦人壹口母親謝五娘年柒拾歲
11 事産：
12 　房舍瓦屋貳間壹步
13 營生：養種

葉三十八上

[ST—Z：1·38a·75]

一户方仁四，元係湖州路安吉縣鳳亭鄉二管後澤村人氏，亡宋時民户附籍，至元十二年十二月内歸附，見於本管住坐□
户差役
計家：壹口
親屬壹口
男子壹口
成丁壹口
本身年貳拾歲
驅口典雇無
事産：
田土壹拾陸畝貳分
水田肆畝　陸地貳畝貳分
山壹拾畝
房舍
瓦屋壹間壹步
孳畜：無

16 營生：養種

［ST—Z：1・38b・76］

1 一户施八，元係湖州路安吉縣鳳亭鄉二管後澤村人氏，亡宋時民户附籍，至元十二年十二月内在本鄉歸附，見於本□
2 當民役
3 計家：壹口
4 親属壹口
5 男子壹口
6 成丁壹口
7 本身施八年伍拾貳歲
8 驅口典雇無
9 事産：
10 田土貳畝柒分伍厘
11 水田上件
12 房舍
13 瓦屋壹間
14 營生：養種

葉三十九上

[ST—Z : 1 · 39a · 77]

1 一户胡歡兒，元係湖州路安吉縣鳳亭鄉一管石䂬村人氏，亡宋民户，至元十二年十二月内歸附，見於本[管]□

2 當民役

3 計家：親屬男子不成丁壹口

4 本身年壹拾叁歲

5 事産：

6 地土貳拾叁畝壹分捌厘

7 陸地肆分壹厘　山貳拾貳畝柒分柒厘

8 瓦屋壹間壹步

9 營生：養種

[ST—Z : 1 · 39a · 78]

1 一户何眼小九，元係湖州路安吉縣鳳亭鄉壹管石䂬村人氏，亡宋民户，至元十二年十二月内歸附，見[於]□

2 應當民役

3 計家：親屬壹口

4 男子不成丁壹口

5 本身年陸拾肆歲見盲双目〔一〕

6 事産：

7 地土陸畝貳分伍厘

〔一〕見盲双目　原文「見盲双目」四字爲小注，此處用小號字體表示，下文依此例。

8 陸地柒分伍厘　山伍畝伍分
9 瓦屋壹間
10 營生：求趁

［ST—Z：1・39b・79］

1 一户胡千四，元係湖州路安吉縣鳳亭鄉壹管人氏，亡宋民户，至元十二年十二月内歸附，見於本管賃□
2 當民役
3 計家：親属壹口
4 男子成丁壹口
5 本身年叁拾柒歲
6 事産：
7 田土壹拾壹畝玖分貳厘
8 水田壹畝伍分貳厘　陸地肆分
9 山壹拾畝
10 孳畜：無
11 營生：養種

葉四十上

[ST—Z：1·40a·80]

一户方四五，元係湖州路安吉縣鳳亭鄉壹管石馬上村人氏，亡宋民户，至元十二年十二月内歸附，見於□
應當民役
計家：親屬男子壹口
不成丁壹口
本身年陸拾捌歲見患風疾
事産：
田土貳拾畝叁分肆厘
水田壹分叁厘　陸地柒分壹厘
山壹拾玖畝伍分
瓦屋壹間
營生：養種

[ST—Z：1·40a·81]

一户陳三一，元係湖州路安吉縣鳳亭鄉壹管石馬村人氏，亡宋民户，至元十二年十二月内歸附，見於本□
坐應當民役
計家：親屬男子壹口
成丁壹口

本身年叁拾貳歲
事產：
田土伍畝玖分伍厘
水田壹畝貳分　山肆畝柒分伍厘
營生：求趁

[ST—Z : 1 · 40b · 82]

一户羅二十三，元係湖州路安吉縣鳳亭鄉壹管石馬上村人氏，亡宋民户，至元十二年十二月内歸附，[見]□
坐應當民役
計家：親屬男子成丁壹口
本身年陸拾歲
事產：
田土壹拾壹畝壹分肆厘
水田壹分伍厘　陸地肆分玖厘
山壹拾畝伍分
草屋壹間
營生：養種

[ST—Z：1・41a・83]

1 ［前闕］

水田□ 陸地柒分伍厘

2 瓦屋壹间

3 營生：養種

[ST—Z：1・41a・84]

1 一户李関二十六娘，元係湖州路安吉縣鳳亭鄉壹管横塘村人氏，亡宋時是夫李闕二十六秀作民户，至元十〔一〕二年十二月内歸附

在□

2 即目見於本管住坐應當民役

3 計家：親屬叁口

4 男子不成丁壹口男李阿十年伍歲

5 婦人貳口

6 本身年叁拾陸歲 女李小娜娘年貳歲

7 事産：

8 田土柒畝肆分伍厘

9 水田貳畝叁分 陸地伍畝壹分伍厘

10 瓦屋貳間

11 營生：養種

[ST—Z：1・41a・85]

1 一户許十八，元係湖州路安吉縣鳳亭鄉壹管横塘村人氏，亡宋時民户，至元十二年十一月内歸附，見於本管賃屋住坐應當民□

〔一〕至元十　原文「至元十」三字被墨迹覆蓋。今依前文例補。

2 計家：親属貳口
3 男子不成丁貳口
4 本身年捌拾歲　孫男三十年壹拾壹歲
5 事産：
6 山叁拾貳畝貳分伍厘
7 營生：養種

［ST—Z：1·41b·86］

1 一户姚二十九，元係湖州路安吉縣鳳亭鄉壹管横塘村人氏，亡宋時民户，至元十二年十一月内在本管歸附，見於本處賃屋□
2 民户差役
3 計家：親属男子不成丁壹口
4 本身年陸拾叁歲
5 事産：
6 田土壹拾捌畝柒分伍厘
7 水田叁畝柒分伍厘　陸地貳畝
8 山壹拾叁畝
9 營生：養種

葉四十二上

［ST—Z：1·42a·87］

［前闕］

本身年陸拾伍歲　孫朱成児年捌歲

孫朱真児年肆歲　孫朱佛有年壹歲

婦人叁口

母親施大二娘年捌拾伍歲　妻楊十一娘年伍拾陸歲

男婦史千三娘年叁拾柒歲

事産：

田土壹頃貳拾伍畝玖分柒厘

水田壹拾捌畝柒分　陸地叁拾陸畝玖分柒厘

山柒拾畝叁分

房舍

瓦屋伍間

營生：

養種

［ST—Z：1·42a·88］

一户陳二十五，元係湖州路安吉縣鳳亭鄉一管石馬村人氏，亡宋是父陳百十作民户，至元十二年十二月内歸附，至元二十年十

月内☐上司行下，爲二十五名下田地苗稅相應，定奪二十五作弓手，見於本☐

3　應當本縣獨松巡[一]檢司弓手差役

4　計家：壹拾口

5　親属玖口

6　男子肆口

7　成丁肆口

8　本身年肆拾陸歲　　姪陳阿八年貳拾玖歲

9　男陳阿九年叁拾捌歲[二]　　姪陳小双年貳拾貳歲

10　婦人伍口

11　母親方三娘年陸拾陸歲　　妻朱三娘年肆拾肆歲

12　婬方十四娘年肆拾陸歲　　姪婦胡一娘年貳拾伍歲

13　姪女陳双娘年叁歲

14　驅口無

15　典雇身人壹口

16　男子不成丁壹口盧歸兒年壹拾肆歲

17　事産：

[後闕]

上平聲第一　葉四十二

紙背錄文篇　册一

〔一〕巡　原文作「巡」，爲「巡」之異體字，徑改，後凡遇此字皆同。

〔二〕叁拾捌歲　此處載陳阿九年三十八歲，與其父陳二十五僅差八歲，不合情理。又該户籍稿登記成丁依年齡大小降序排列，前陳阿八二十九歲，後陳小双二十二歲，故「叁拾捌歲」當是「貳拾捌歲」之誤。

葉四十三上

[ST—Z : 1 · 43a · 89]

一户朱雙秀，元係湖州路安吉縣鳳亭鄉六管溪東村人氏，亡宋時父朱細四爲户作民户，至元十二年十二月内歸附，至元□
本縣備奉
上司旨揮，照勘丁多苗税相應之家簽撥遞運船夫，爲雙秀苗税□
解發本路總管府轉解杭州路長安鎮站赤所應當遞運船□
見於本村住坐應當差役
計家：壹口
親属壹口
男子壹口
成丁壹口
本身朱雙秀年貳拾歲
驅口無
典雇身人無
事産：
地土叁拾壹畝伍分
陸地壹拾捌畝伍分

山壹拾叁畝

房舍瓦屋貳間

孳畜：無

營生：

養種爲活

葉四十四上〔一〕

[ST—Z : 1 · 44a · 90]

1 一户徐万十二〔二〕，元係湖州路安吉縣鳳亭鄉二管前澤村人氏，亡宋是父徐千三作民户附籍，至元十二年十二月内歸附，至元

2 二十年□　上司行下，爲万十二名下田地苗税相應，定奪万十二作〔三〕，見於本村□

3 本縣獨松巡檢司弓手差役

4 計家：親属陸口

5 男子肆口

6 成丁貳口

7 本身徐万十二年肆拾貳歲　弟徐万十三年叁拾伍歲

8 不成丁貳口

9 姪徐孫兒年壹拾肆歲　姪徐二十年壹拾歲

10 婦人貳口

11 [女更]施三娘年肆拾貳歲　姪閏娘年壹拾歲

12 事産：

13 田土伍拾貳畝柒分伍厘

14 水田肆畝玖分　陸地壹拾柒畝捌分伍厘

15 山□□畝

〔一〕　該葉與同册葉七十内容基本相同，爲重複葉。
〔二〕　該户與同册葉七十「徐万十二」户爲同一户。
〔三〕　万十二作　據同册葉七十重複户「万十二作」後有「弓手」二字，故此處當脱「弓手」二字。

房舍瓦屋肆間壹步
營生：養種

[ST—Z：1・44b・91]

一户孟五八〔一〕，元係湖州路安吉縣鳳亭鄉二管人氏，亡宋作民籍附〔二〕，至元十二年十二月内歸附，至元二十年十月内蒙〔三〕
上司行下，爲五八名下田地苗税相應，定奪五八作弓手，見於本處□
當本縣獨松巡檢司弓手差役
計家：親屬叁口
男子成丁貳口
本身年伍拾肆歲　男孟千五年壹拾玖歲
婦人壹口男婦楊四娘年壹拾捌歲
事産：
田土叁拾肆畝捌分
水田貳畝伍分伍厘　陸地壹拾柒畝叁分
山壹拾伍畝
瓦屋貳間壹步〔四〕
營生：養種

〔一〕該户與同册葉七十「孟五八」户爲同一户。
〔二〕亡宋作民籍附　同册葉七十重複户作「亡宋作民户」。
〔三〕蒙　原文作「䝉」，爲「蒙」之俗體字，徑改，後凡遇此字皆同。
〔四〕瓦屋貳間壹步　同册葉七十重複户前面多「房舍」二字。

葉四十五上

[ST—Z∶1·45a·92]

一户苗千三，元係湖州路安吉縣鳳亭鄉三管平田村人氏，亡宋是兄苗千二爲户作民户附籍，至元十□
至元二十年十月内蒙
上司行下，爲千三名下田地苗税相應，定奪□
坐，即目應當本縣獨松巡檢司弓手差役
計家：壹拾壹口
親屬壹拾壹口
男子捌口
成丁叁口
本身苗千三年肆拾貳歲　弟苗千四年□
男苗阿娜年壹拾柒歲
不成丁伍口
男苗小娜年壹拾肆歲　男苗賴兒□
男苗小弟年壹拾貳歲　男苗胖兒□
姪苗丑兒年貳歲
婦人叁口

母親朱三四娘年柒拾肆歲　娅楊十娘年□
妻苗八三娘年叁拾柒歲
軀口無
典雇身人無
事産：
田土肆拾捌畝
水田柒畝捌分　陸地壹拾陸畝□
山貳拾肆畝
房舍
瓦屋貳間
孳畜：
黄牛肆頭
營生：
養種

葉四十六上

[ST—Z：1·46a·93]

一户鐵匠戚万七，元係湖州路安吉縣鳳亭鄉一管横塘村人氏，亡宋作鐵匠，至元十二年十二月内歸附，至元十八年正月内有康
提舉□
　　二十一年撥入本路雜造局工作，見有作頭戚文旺管領，不曾支請□
　　坐應當鐵匠差役
計家：親屬柒口
　男子肆口
　　成丁叁口
　　　本身年肆拾伍歲　　弟戚十二年肆拾壹歲
　　　弟戚双兒年貳拾陸歲
　　不成丁壹口姪戚千三年叁歲
　婦人叁口
　　　母親宗三娘年陸拾伍歲　　弟婦濮四娘年貳拾伍歲
　　　弟婦沈八娘年貳拾陸歲
事産：
　田土柒畝玖分玖厘
　　水田伍畝捌分玖厘　　陸地貳畝壹分
　房舍瓦屋貳間壹步

17　營生：鐵匠

[ST—Z : 1 · 46b · 94]

1　一户泥水匠葉三二，元係湖州路安吉縣鳳亭鄉一管茭湖村人氏，亡宋作泥水匠，至元十二年十二月内歸附，至元十八年正[月]

2　□　上司差來官康提舉將三二作泥水匠，至元二十三年正月内蒙本縣□

3　本路織染局俞堂長，管領入生帛堂絡絲工役，於當年七月□

4　四斗，至元二十六年六月内作支口粮，即目見在本村住坐應當差役

5　計家：親屬柒口

6　男子伍口

7　成丁肆口

8　本身年伍拾捌歲　　男葉百三年肆拾歲

9　男葉百四年叁拾伍歲　　男葉阿九年壹拾陸歲

10　不成丁壹〔一〕　孫男葉千一年柒歲

11　婦人貳口

12　妻沈八娘年陸拾歲　　男婦沈三娘年貳拾肆歲

13　事産：

14　地土叁拾畝柒分陸厘

15　陸地壹畝壹分伍厘　　山貳拾玖畝陸分壹厘

16　房舍瓦屋貳間

17　營生：泥水匠

〔一〕壹　據行文體例，「壹」後當脱「口」字。

葉四十七上

［ST—Z：1·47a·95］

［前闕］

親屬壹口
男子壹口
不成丁壹口
本身年捌歲
事産：
陸地貳分
房舍瓦屋壹間
營生：養種

［ST—Z：1·47a·96］

三

一户施双頂，元係湖州路安吉縣浮玉鄉二管埡田村人氏，亡宋民户，至元十二年十二月內歸附，見於本村住坐應當□
計家：壹口
親屬壹口
男子壹口
不成丁壹口
本身年壹拾貳歲
事産：

地土壹拾畝貳分柒厘
陸地貳畝柒厘　山捌畝貳分
房舍
瓦屋壹間
營生：養種

［ST—Z：1·47b·97］

六

一户俞八九，元係湖州路安吉縣浮玉鄉二管埡田村人氏，亡宋民户，至元十二年十二月内歸附，見於本村住坐應當□
計家：壹口
親屬壹口
男子壹口
不成丁壹口
本身年陸拾叁歲
事産：
陸地貳分
房舍瓦屋壹間
營生：養種

葉四十八上

［ST—Z：1・48a・98］

［前闕］

□□□男子成丁壹口本身年貳□陸歲
事産：
田土柒畝叁分伍厘
水田壹畝壹分　陸地柒分伍厘
山伍畝伍分
房舍瓦屋壹間
營生：養種

［ST—Z：1・48a・99］

四

一户潘十四，元係湖州路安吉縣浮玉鄉貳管潘村人氏，亡宋民户，至元十二年十二月内歸附，見於本管住坐應當□
計家：親屬男子成丁壹口本身年伍拾伍歲
事産：
田土叁畝叁分
水田壹分　陸地貳分
山叁畝
房舍瓦屋壹間
營生：養種

［ST—Z：1·48b·100］

□

一户潘百三，元係湖州路安吉縣浮玉鄉貳管潘村人氏，亡宋民户，至元十二年十二月内歸附，見於本管住坐應當□

計家：親属男子成丁壹口本身年肆拾玖歲

事産：

地土伍畝捌分

陸地捌分　　山伍畝

房舍草屋壹間

營生：養種

［ST—Z：1·48b·101］

二

一户潘九九，元係湖州路安吉縣浮玉鄉貳管潘村人氏，亡宋民户，至元十二年十二月内歸附，見於本管住坐應□

計家：親属男子不成丁壹口本身年柒歲

事産：

田土柒畝肆分

水田叁分　　陸地貳畝

山伍畝壹分

房舍瓦屋壹間

營生：養種

葉四十九上

〔前闕〕

一

1 男子叁口〔一〕
2 成丁貳口
3 本身年肆拾伍歲　弟俞万三年叁拾叁歲
4 不成丁壹口姪俞十六年伍歲
5 婦人壹口母親郎双娘年柒拾壹歲
6 事産：
7 地土叁畝陸厘
8 陸地貳畝壹分陸厘　山玖分
9 房舍瓦屋貳間壹步
10 孳畜：黄牛壹頭
11 營生：絮匠

1 一户岳廿四〔二〕，元係湖州路安吉縣浮玉鄉一管三户村人氏，亡宋時作泥水匠户，至元十二年十二月内歸附
2 計家：親属貳口
3 男子不成丁壹口本身年柒拾伍歲
4 婦人壹口妻沈氏年陸拾捌歲
5 事産：
6 □□貳畝陸分

〔一〕據該户第三行「弟俞万三」、第四行「姪俞十六」可知爲俞姓人户，且該户内容與同册葉十四第一户基本重複，故兩處爲同一户。

〔二〕該户内容與同册葉十三「岳廿四」户基本重複，故兩處爲同一户。

陸地伍分　　山貳畝壹分

房舍瓦屋貳間

營生：泥水匠

一户俞三乙〔一〕，元係湖州路安吉縣浮玉鄉一管三户村人氏，亡宋時作絮匠户，至元十二年十二月内歸附

計家：親屬貳口

男子不成丁壹口本身年柒拾貳歲

婦人壹口妻阿沈年柒拾柒歲

事産：

田土柒畝叁分伍厘

水田伍分　　陸地肆畝柒分陸厘

山貳畝玖厘

房舍瓦屋貳間

營生：絮匠

〔一〕該户與同册葉十三「俞三乙」户内容重複，故兩處爲同一户。

葉五十上

[ST—Z：1・50a・102]

〔前闕〕

三

1 陸地貳畝捌分伍厘　山肆畝伍分陸厘

2 房舍瓦屋壹間

3 營生：鋸匠

[ST—Z：1・50a・103]

二

1 一户施五六，元係湖州路安吉縣浮玉鄉一管俞村人氏，亡宋作鋸匠户，至元十二年十二月内歸附

2 計家：親屬壹口

3 男子壹口

4 成丁壹口

5 本身年肆拾歲

6 事産：

7 田土壹拾畝柒分

8 水田壹畝叁分

9 陸地肆分

10 山玖畝

11 房舍瓦屋壹間

12 營生：

13 鋸匠

[ST—Z：1・50b・104]

一

1 一户施五二，元係湖州路安吉縣浮玉鄉一管俞村人氏，亡宋作鋸匠户，至元十二年十二月内歸附
2 計家：壹口
3 　親属壹口
4 　　男子壹口
5 　　　不成丁壹口
6 　　　　本身年陸拾壹歲
7 事産：
8 　地土玖畝壹分
9 　　陸地貳畝玖分
10 　　山陸畝貳分
11 　房舍瓦屋壹間
12 營生：鋸匠

葉五十一上〔一〕

[ST—Z：1·51a·105]〔二〕

〔前闕〕

1 事産：
2 田土伍畝肆分貳厘
3 水田壹畝柒分伍厘　陸地貳分
4 山叁畝肆分柒厘
5 房舍瓦屋壹間
6 營生：養種

[ST—Z：1·51a·106]

1 一户曹万五〔三〕，元係湖州路安吉縣移風鄉八管馬跡村〔四〕人氏，亡宋民户，至元十二年十二月内歸附，見於本村住坐應當民役
2 計家：親屬壹口
3 男子壹口
4 不成丁壹口
5 本身年陸拾叁歲
6 事産：
7 田土伍拾肆畝肆分壹厘
8 水田肆畝捌分捌厘　陸地伍分
9 山肆拾捌畝捌分捌厘　蕩壹分伍厘

〔一〕該葉與册二葉二十内容基本一致，爲重複葉。所不同者，册二重複葉文字更爲緊湊，故其葉首内容較本葉多出數行。

〔二〕該户僅有事産、營生信息計六行，經比對，與册二葉二十「梅万二」户後六行内容完全一致，又該葉後兩户「曹万五」、「曹十六」皆和册二葉二十兩户重複，可以確定本户與册二「梅万二」爲同一户。

〔三〕該户與册二葉二十「曹万五」户爲同一户。

〔四〕馬跡村　册二重複户作「馬跡保」。

葉五十一下

10 房舍瓦屋壹間壹步
11 營生：養種

［ST—Z：1·51b·107］

1 一户曹十六〔一〕，元係湖州路安吉縣移風鄉八管馬跡村〔二〕人氏，亡宋民户，至元十二年十二月内歸附，見於本村住坐應當□役
2 計家：壹口
3 親屬壹口
4 男子壹口
5 不成丁壹口
6 本身年陸拾伍歲
7 事産：
8 田土玖畝壹分捌厘
9 水田陸分肆厘
10 陸地貳分伍厘
11 山捌畝貳分玖厘
12 房舍瓦屋壹間
13 營生：養種

〔一〕 該户與册二葉二十「曹十六」户爲同一户。
〔二〕 馬跡村 册二重複户作「馬跡保」。

葉五十二上

[ST—Z：1・52a・108]

1 一户俞十七，元係湖州路安吉縣移風鄉八管武春保人氏，亡宋民户，至元十二年十二月内歸附，見〔一〕本村住坐應當民役
2 計家：親屬男子成丁壹口本身年肆拾歲
3 事産：
4 田土壹拾柒畝伍分叁厘
5 水田壹畝肆分陸厘　陸地壹畝叁分叁厘
6 山壹拾肆畝柒分肆厘
7 房舍瓦屋貳間
8 營生：養種

[ST—Z：1・52a・109]

1 一户施慶四秀，元係湖州路安吉縣移風鄉八管武春保人氏，亡宋民户，至元十二年十二月内歸附，見於本村□
2 當民役
3 計家：親屬男子成丁壹口本身年貳拾捌歲
4 營生：養種

[ST—Z：1・52a・110]

1 一户陳十四，元係湖州路安吉縣移風鄉八管武春保人氏，亡宋民户，至元十二年十二月内歸附，見於本村住坐應當民役
2 計家：親屬男子成丁壹口本身年貳拾柒歲
3 事産：

〔一〕見：據行文慣例，「見」後疑脱「於」字。

4 田土捌畝叁分肆厘

5 水田貳分玖厘　陸地壹畝貳分伍厘

6 山陸畝玖分叁厘

7 房舍瓦屋壹間

8 營生：養種

[ST—Z：1·52b·111]

1 一户郎万二，元係湖州路安吉縣移風鄉八管武春保人氏，亡宋民户，至元十二年十二月内歸附，見於本村住坐應當民役

2 計家：親属男子不成丁壹口本身年陸拾玖歲

3 事産：

4 田土玖畝玖分伍厘

5 水田壹畝柒分　陸地貳畝貳分伍厘

6 山陸畝

7 房舍瓦屋壹間

8 營生：養種

[ST—Z：1·52b·112]

1 一户施六四，元係湖州路安吉縣移風鄉八管武春保人氏，亡宋民户，至元十二年十二月内歸附，見於本村賃屋住坐應當□

2 □本身年肆拾□□

3 營生：雜趁

葉五十三上〔一〕

[ST—Z : 1 · 53a · 113]

一户施四十〔二〕，元係湖州路安吉縣移風鄉貳管大宛村人氏，亡宋作匠户，至元十二年十二月内歸附

計家：親属陸口

男子叁口

成丁壹口本身年肆拾伍歲

不成丁貳口

男施万十年壹拾歲　　男施万十三年伍歲

婦人叁口

母親方七六娘年柒拾貳歲　　妻余七娘年肆拾歲

男婦王一娘年壹拾歲

事産：

田土壹拾玖畝伍分

水田肆畝伍分　　陸地壹畝伍分

山壹拾叁畝伍分

房舍瓦屋壹間壹步

〔一〕該葉與册二葉十七內容基本相同，爲重複葉。

〔二〕該户與册二葉十七「施四十」户爲同一户。

孳畜：黄牛貳頭
營生：竹匠

[ST—Z：1·53b·114]

一户戚三二〔一〕，元係湖州路安吉縣移風鄉貳管大宛村人氏，亡宋作匠户，至元十二年十二月内歸附
計家：親屬肆口
男子叁口
不成丁叁口
本身年陸拾伍歲　男戚万十年陸歲
男戚二十一年叁歲
婦人壹口妻施七娘年叁拾伍歲
事産：
田土貳拾陸畝捌分
水田壹畝貳分　陸地壹畝柒分
山貳拾叁畝玖分
房舍瓦屋壹間壹步
[後闕]

〔一〕該户與册一葉十七「戚三二」户爲同一户。

葉五十四上

［ST—Z：1·54a·115］

［前闕］
田土壹拾貳畝伍分
水田叁畝捌分　陸地壹畝伍分
山柒畝貳分
房舍瓦屋壹間
營生：竹匠

［ST—Z：1·54a·116］

一户余六四，元係湖州路安吉縣移風鄉貳管人氏，亡宋作瓦匠，至元十二年十二月内歸附
計家：親属男子貳口
成丁壹口本身年肆拾捌歲
不成丁壹口男余二十八年壹拾肆歲
事産：
田土壹拾捌畝
水田貳畝貳分　陸地肆畝伍分
山壹拾壹畝叁分
房舍瓦屋貳間壹步

10 營生：瓦匠

[ST—Z：1・54b・117]

1 一户潘阿娜，元係湖州路安吉縣移風鄉貳管壁門村人氏，亡宋係兄潘十二爲户作鐵匠，至元十二年十二月内歸附
2 計家：貳口
3 親屬貳口
4 男子壹口
5 成丁壹口
6 本身年貳拾貳歲
7 婦人壹口
8 姪女潘仙娘年壹拾壹歲
9 事産：
10 陸地玖分
11 房舍瓦屋壹間
12 營生：
13 鐵匠

葉五十五上

[ST—Z：1·55a·118]

［前闕］

1 山捌畝捌分

2 房舍瓦屋壹间壹步

3 孳畜：黄牛壹頭

4 營生：養種

[ST—Z：1·55a·119]

1 一户郎五四，元係湖州路安吉縣移風鄉四管斛里村人氏，亡宋民户，至元十二年十二月内歸附，見於本管住坐應當民☐

2 計家：親属壹口

3 男子成丁壹口本身年伍拾捌歲

4 事産：

5 田土捌畝捌分伍厘

6 水田壹畝伍厘　陸地壹畝肆分伍厘

7 山陸畝叁分伍厘

8 房舍瓦屋壹間壹步

9 營生：養種

[ST—Z：1·55a·120]

1 一户李四七，元係湖州路安吉縣移風鄉四管斛里村人氏，亡宋民户，至元十二年十二月内歸附，見於本管住坐應當☐

2 計家：親属壹口

3 男子成丁壹口本身年肆拾貳歲

4 事産：
5 田土壹拾叁畒捌分
6 水田壹畒壹分 陸地貳畒肆分
7 山壹拾畒叁分
8 房舍瓦屋壹間壹步
9 營生：養種

[ST—Z：1・55b・121]

1 一户李六五娘，元係湖州路安吉縣移風鄉四管斛里村人氏，亡宋民户，至元十二年十二月内歸附，見於本管住坐應當民□
2 計家：親屬壹口
3 婦人壹口本身年陸拾歲
4 事産：
5 田土壹拾捌畒壹分伍厘
6 水田壹畒柒分 陸地貳分
7 山壹拾陸畒貳分伍厘
8 房舍瓦屋貳間
9 營生：養種

葉五十六上

[ST—Z：1·56a·122]

1 一户郭□係□…□四管西炉村人氏，亡宋民户，至元十二年十二月内歸附，見於本管住坐應當民役

2 計家：親属壹口

3 男子壹口

4 不成丁壹口本身年柒拾伍歲

5 事産：

6 地土捌畝伍厘

7 陸地貳分　山柒畝捌分伍厘

8 房舍

9 瓦屋壹間

10 營生：養種

[ST—Z：1·56a·123]

1 一户何百兒，元係湖州路安吉縣移風鄉四管西炉村人氏，亡宋民户，至元十二年十二月内歸附，見於本管住坐應當□

2 計家：親属壹口

3 男子壹口

4 成丁壹口

5 本身年叁拾伍歲

6 事產：
7 地土肆畝壹分伍厘
8 陸地叁分伍厘　山叁畝捌分
9 房舍瓦屋壹間
10 營生：養種

[ST—Z：1・56b・124]

1 一户何百五，元係湖州路安吉縣移風鄉四管西炉村人氏，亡宋民户，至元十二年十二月内歸附，見於本管住坐應當民□
2 計家：親屬壹口
3 男子壹口
4 成丁壹口
5 本身年貳拾陸歲
6 事產：
7 地土貳畝伍分伍厘
8 陸地貳分伍厘　山貳畝叁分
9 房舍瓦屋壹間
10 營生：養種

葉五十七上

[ST—Z：1・57a・125]

一户毛十一，元係湖州路安吉縣移風鄉四管五女村人氏，亡宋作鐵匠，至元十二年十二月内歸附

計家：親屬陸口

男子肆口

成丁叁口

本身年肆拾柒歲　弟千一年貳拾壹歲

男娜年壹拾柒歲

不成丁壹口男丑兒年壹拾壹歲

婦人貳口

母親余千九娘年陸拾歲　弟婦阮七娘年貳拾歲

事産：

田土伍拾玖畝陸分叁厘

水田玖畝捌厘　陸地壹畝玖分柒厘

山肆拾捌畝伍分捌厘

房舍瓦屋貳間壹步

營生：鐵匠

[ST—Z：1·57b·126]

一户毛九十，元係湖州路安吉縣移風鄉四管五女村人氏，亡宋作鐵匠，至元十二年十二月内歸附

計家：親属陸口

男子肆口

成丁貳口

本身年肆拾柒歲　男毛九四年貳拾歲

不成丁貳口

男毛大娜年玖歲　男毛小娜年伍歲

婦人貳口

妻阮八娘年肆拾陸歲　男婦何十二娘□

事産：

田土貳拾肆畝陸分伍厘

水田伍畝叁分肆厘　陸地壹畝肆厘

山壹拾捌畝貳分柒厘

[後闕]

葉五十八上

［ST—Z：1・58a・127］

［前闕］

1 本身年□ 男毛□壹歲

2 事産：

3 田土叁拾陸畝柒分陸厘

4 水田□

5 □

6 □

7 房舍

8 □間

9 孳畜：黃牛貳頭

10 營生：

11 □匠

［ST—Z：1・58a・128］

1 一户毛九，元□

2 計家：壹口

［中闕］

[中闕]

3　｜壹口

4　本身年　｜

5　驅口無

6　典雇身人無

7　事産：

8　田□壹拾□□分壹厘

9　｜壹□叄厘

10　陸地捌｜

11　山□□畝□□□□

12　瓦屋□間

13　房舍

14　孳畜：無

15　營生：

16　鐵匠

葉五十九上

[ST—Z：1・59a・129]

[前闕]

1 男子壹口

2 成丁壹口

3 本身年肆拾伍歲

4 婦人壹口

5 妻章七娘年貳拾玖歲

6 事産：

7 田土壹拾陸畝陸分

8 水田叁畝壹分　陸地陸分

9 山壹拾貳畝玖分

10 房舍瓦屋貳間壹步

11 營生：木匠

[ST—Z：1・59a・130]

1 一户陳九十，元係湖州路安吉縣移風鄉四管人氏，亡宋作泥水匠，至元十二年十二月内歸附

2 計家：伍口

3 親屬伍口

葉五十九下

男子叁口
成丁貳口
本身年伍拾歲　男陳百五年貳拾玖□
不成丁壹口
男陳万二年壹拾肆歲
婦人貳口
妻何□娘年伍拾貳歲　女何細娜年壹拾▯
事産：
地土壹拾玖畝貳分陸厘
陸地肆分壹厘　山壹拾捌畝捌分□□
房舍
瓦屋壹間壹步
孳畜：無
營生：
泥水匠

葉六十上

[ST—Z：1・60a・131]

［前闕］

營生：養種

[ST—Z：1・60a・132]

三

一户岳万一，元係湖州路安吉縣浮玉鄉一管三户村人氏，亡宋民户，至元十二年十二月内歸附，見於本村住坐應當□役

計家：親属壹口

男子成丁壹口

本身年叁拾捌歲

事産：

地土壹拾貳畝肆分肆厘

陸地壹畝伍分捌厘　山壹拾畝捌分陸厘

房舍瓦屋壹間

營生：養種

[ST—Z：1・60a・133]

五

一户俞七，元係湖州路安吉縣浮玉鄉一管三户村人氏，亡宋民户，至元十二年十二月内歸附，見於本村住坐應當民□

計家：親属壹口

男子不成丁壹口

本身年陸拾壹歲

事産：

田土貳畝叁分伍厘

7 水田伍分　陸地壹畝捌分伍厘
8 房舍瓦屋壹間
9 營生：
10 養種

［ST—Z：1·60b·134］

甲六

1 一户俞九，元係湖州路安吉縣浮玉鄉一管三户村人氏，亡宋民户，至元十二年十二月内歸附，見於本村住□
2 計家：親属壹口
3 男子不成丁壹口
4 本身年柒拾貳歳
5 事産：
6 地土捌畝叁分捌厘
7 陸地壹畝貳厘　山柒畝叁分陸厘
8 房舍
9 瓦屋壹間
10 營生：
11 養種

葉六十一上〔一〕

[ST—Z：1·61a·135]

〔前闕〕

1 水田壹分陸厘　陸地壹畝肆分陸厘

2 山叁畝

3 房舍瓦屋壹間

4 營生：鐵匠

[ST—Z：1·61a·136]

1 一户莫五二〔二〕，元係湖州路安吉縣浮玉鄉一管汪村人氏，亡宋時爲鐵匠户，至元十二年十二月内歸附

2 計家：親屬陸口

3 男子肆口

4 成丁壹口本身年肆拾歲

5 不成丁叁口

6 姪莫千三年壹拾肆歲　男莫千四年壹拾歲

7 男莫千六年陸歲

8 婦人貳口

9 妻侯三娘年肆拾歲　女莫千五〔三〕年柒歲

10 事産：

〔一〕該葉與同册葉六十二、葉六十三内容基本相同，連續三葉爲重複葉。所不同者，葉六十一第一户較葉六十二第一户多三行，而葉六十三無此户。

〔二〕該户與同册葉六十二「莫五二」户、葉六十三「莫五二」户爲同一户。

〔三〕莫千五　同册葉六十二、葉六十三重複條皆作「莫千五娘」，此處「莫千五」後當脱「娘」字。

11 田土壹拾叁畝貳分伍厘
12 水田捌分伍厘　陸地陸畝捌分叁厘
13 山伍畝伍分柒厘
14 房舍瓦屋貳間
15 營生：鐵匠

[ST—Z：1·61b·137]

1 一户施錢九〔一〕，元係湖州路安吉縣浮玉鄉一管汪村人氏，亡宋時爲民匠户〔二〕，至元十二年十二月内歸附
2 計家：親屬柒口
3 男子肆口
4 成丁貳口
5 本身年伍拾陸歲　男施錢六八年叁拾□
6 不成丁貳口
7 男施錢七三年壹拾貳歲　孫施娜子〔三〕年貳歲
8 婦人叁口
9 妻周三娘年伍拾歲　男婦沈二娘年貳拾歲

[後闕]

〔一〕該户與同册葉六十二「施錢九」户、葉六十三「施錢九」户爲同一户。
〔二〕民匠户　同册葉六十二、葉六十三重複條皆作「石匠户」，此處「民」當爲「石」之誤。
〔三〕孫施娜子　同册葉六十二、葉六十三重複條皆作「孫施錢娜子」。

葉六十二上

[ST—Z : 1 · 62a · 138]〔一〕

[前闕]

1 營生：鐵匠

1 一户莫五二〔二〕，元係湖州路安吉縣安吉縣〔三〕浮玉鄉一管汪村人氏，亡宋時爲鐵匠户，至元十二年十二月内歸附

2 計家：親屬陸口

3 男子肆口

4 成丁壹口本身年肆拾歲

5 不成丁叁口

6 姪莫千三年壹拾肆歲　男莫千四年壹拾歲

7 男莫千六年陸歲

8 婦人貳口

9 妻侯三娘年肆拾歲　女莫千五娘年柒歲

10 事産：

11 田土壹拾叁畝貳分伍厘

12 水田捌分五厘　陸地陸畝捌分叁厘

13 山伍畝伍分柒厘

〔一〕由於該葉與同册葉六十一爲重複葉，該户有可能與葉六十一第一户爲同一户，但考慮該户僅存營生一行信息量不足佐證，故審慎起見將該户視作另一户，獨立編號。

〔二〕該户與同册葉六十一「莫五二」户、葉六十三「莫五二」户爲同一户。

〔三〕安吉縣　原文「安吉縣」重複出現，當衍「安吉縣」三字。

14　　房舍瓦屋貳間

15　營生：鐵匠

1　一户施錢九〔一〕，元係湖州路安吉縣浮玉鄉一管汪村人氏，亡宋時爲石匠户，至元十二年十二月内歸附

2　計家：親属柒口

3　　男子肆口

4　　　成丁貳口

5　　　　本身年伍拾陸歲　　男施錢六八年叁拾歲

6　　　不成丁貳口

7　　　　男施錢七三年壹拾貳歲　　孫施錢娜子年貳歲

8　　婦人叁口

9　　　　妻周三娘年伍拾歲　　男婦沈二娘年□

10　　　　女施錢五娘年壹拾歲

11　事産：

12　　地土柒畝叁分玖厘

［後闕］

〔一〕該户與同册葉六十一「施錢九」户、葉六十三「施錢九」户爲同一户。

葉六十三上

一户莫五二〔一〕，元係湖州路安吉縣浮玉鄉一管汪村人氏，亡宋時爲鐵匠户，至元十二年十二月内歸附
計家：親屬陸口
男子肆口
成丁壹口本身年肆拾歲
不成丁叁口
姪莫千三年壹拾肆歲　男莫千四年壹拾歲
男莫千六年陸歲
婦人貳口
妻侯三娘年肆拾歲　女莫千五娘年柒歲
事産：
田土壹拾叁畝貳分伍厘
水田捌分伍厘　陸地陸畝捌分叁厘
山伍畝伍分柒厘
房舍瓦屋貳間
營生：鐵匠

〔一〕該户與同册葉六十一「莫五二」户、葉六十二「莫五二」户内容基本重複，故三處爲同一户。「莫五二」户共重複記載三次，第一次葉六十一脱一「娘」字，第二次葉六十二衍「安吉縣」三字，此處葉六十三記載較爲嚴整。同葉有「施錢九」户，也是三次記載中較爲嚴整的。

一户施錢九〔一〕，元係湖州路安吉縣浮玉鄉一管汪村人氏，亡宋時爲石匠户，至元十二年十二月内歸附
計家：親屬柒口
男子肆口
成丁貳口
本身年伍拾陸歲　男施錢六八年叁拾歲
不成丁貳口
男施錢七三年壹拾貳歲　孫施錢娜子年貳歲
婦人叁口
妻周三娘年伍拾歲　男婦沈二娘年貳□□
女施錢五娘年壹拾歲
事産：
地土柒畝叁分玖厘
陸地貳畝玖厘　山伍畝叁分

［後闕］

〔一〕該户與同册葉六十一「施錢九」户、葉六十二「施錢九」户内容基本重複，故三處爲同一户。「施錢九」户共重複記載三次，第一次葉六十一誤「石」爲「民」；第二次「石」有被塗抹痕迹；此處葉六十三記爲「石匠户」，較爲清晰。

葉六十四上

[ST—Z：1·64a·139]

［前闕］

成丁壹口男梅万十年叁拾歲
不成丁貳口
本身年柒拾伍歲　次男梅万九年壹□
婦人叁口
妻沈八娘年陸拾陸歲　兒婦吴七娘年貳□歲
孫女梅二十一娘年壹歲
事産：
田土捌畝玖分
水田肆畝貳分　陸地壹畝貳分
山叁畝伍分
房舍瓦屋貳間
營生：木匠

[ST—Z：1·64a·140]

一户施三四，元係湖州路安吉縣浮玉鄉六管西芦村人氏，亡宋作木匠户，至元十二年十二月内歸附
計家：親屬柒口

男子肆口
成丁貳口
本身年陸拾歲　男施歸兒年叁拾伍歲
不成丁貳口
次男施寄兒年壹拾貳歲　次男施娜兒年貳歲
婦人叁口
母親沈三娘年捌拾歲　妻沈五娘年伍拾玖歲
兒婦施五娘年叁拾叁歲
事産：
田土壹拾伍畝伍厘
水田貳畝伍分伍厘　陸地叁畝伍分
山玖畝
房舍瓦屋貳間
營生：
木匠

〔ST—Z：1·65a·141〕

〔前闕〕

1　妻周百三娘年陸拾歲　男婦胡多娘年壹拾肆歲

2　事産：

3　地土肆畝壹分柒厘

4　陸地貳畝壹分柒厘　山貳畝

5　房舍瓦屋壹間

6　營生：篾匠

〔ST—Z：1·65a·142〕

1　一户潘百五，元係湖州路安吉縣浮玉鄉五管人氏，亡宋民户，至元十二年十二月内歸附

2　計家：親属陸口

3　男子伍口

4　成丁貳口

5　姪万一年貳拾伍歲　姪万二年貳拾歲

6　不成丁叁口

7　本身年陸拾貳歲　姪多兒拾肆歲

8　姪万三年壹拾叁歲

9　　婦人壹口弟婦吴六娘年肆拾伍歲
10　事産：
11　　陸地捌畝壹分伍厘
12　　房舍瓦屋叁間
13　營生

［ST—Z：1·65b·143］

1　一户潘千二，元係湖州路安吉縣浮玉鄉五管人氏，亡宋民户，至元十二年十二月内歸附
2　計家：親屬肆口
3　　男子叁口
4　　　成丁貳口
5　　　　本身年陸拾歲　　　　男大娜年貳拾伍歲
6　　　不成丁壹口
7　　　　男小娜年壹拾貳歲
8　　婦人壹口妻施四娘年伍拾肆歲
9　事産：
［後闕］

葉六十六上

[ST—Z:1·66a·144]

1 一户俞肆柒㛐，元係湖州路德清縣千秋鄉肆都叁保人氏，亡宋乙亥年前作民户附籍，至元十□
2 歸附，見於本保住坐應當民户差役
3 計家：親屬叁口
4 男子不成丁貳口
5 男陳壽年壹拾歲　男照孫年肆歲
6 婦女壹口俞肆柒㛐年伍拾歲
7 事産：
8 田地山肆畝貳分
9 水田叁畝柒分伍厘　陸地叁分叁厘
10 山壹分貳厘
11 瓦屋壹間壹厦
12 營生：養種

[ST—Z:1·66a·145]

1 一户沈大娜，元係湖州路德清縣千秋鄉肆都叁保人氏，亡宋乙亥年前作民户附籍□
2 歸附，見於本保住坐應當民户差役
3 計家：親屬貳口
4 男子貳口

5 成丁壹口沈大娜年叁拾歲双目不覩
6 不成丁壹口弟小娜年壹拾肆歲
7 事産：
8 陸地叁分伍厘　草屋壹間
9 營生：推磨

[ST—Z：1·66b·146]

1 一户姚移長，元係湖州路德清縣千秋鄉肆都叁保人氏，亡宋乙亥年前作民户附籍，至元[十]□
2 内歸附，見於本保住坐應當民户差役
3 計家：親屬壹口
4 男子不成丁壹口姚移長年壹拾肆歲
5 事産：
6 田地叁畝伍分
7 水田叁畝　陸地伍分
8 賃房住坐
9 營生：養種

葉六十七上

〔ST—Z：1·67a·147〕

〔前闕〕
計家：貳口
親属貳口
男子貳口
成丁貳口
本身年叁拾伍歲　弟楊万九年叁拾□
事産：
田土肆拾柒畝壹分壹厘
水田貳畝柒分陸厘　陸地伍畝伍分伍厘
山叁拾捌畝捌分
房舍瓦屋貳間
營生：養種

〔ST—Z：1·67a·148〕

一户章百四，元係湖州路安吉縣移風鄉四管西結村人氏，亡宋民户，至元十二年十二月□歸附□

住坐應當民役
計家：貳口
親属貳口
男子貳口
成丁貳口
本身年陸拾歲　男章千六年貳拾伍歲
事産：
田土壹拾叁畝玖分伍厘
水田叁分伍厘　陸地叁畝壹分
山壹拾畝伍分
房舍瓦屋壹間
營生：養種

葉六十八上

[ST—Z：1·68a·149]

一

一户郎九二娘子，元係湖州路安吉縣移風鄉七管景村人氏，亡宋民户，至元十二年十二月内歸附，見於本村住坐□
計家：肆口
親屬肆口
男子叁口
不成丁叁口
孫郎丑兒年壹拾叁歲　孫郎九年玖歲
孫郎十年陸歲
婦人壹口
本身伍拾捌歲
事産：
田土貳拾伍畝貳分
水田柒畝柒分伍厘　陸地叁畝肆分伍厘
山壹拾肆畝
房舍瓦屋貳間
營生：養種

[ST—Z：1・68b・150]

二

一户郎阿四娗，元係湖州路安吉縣移風鄉七管景村人氏，亡宋民户，至元十二年十二月内是公郎万八秀爲户□
至元二十五年上有親公郎万八秀、夫郎阿四俱各爲□
爲户，見於本村住坐應當民役
計家：貳口
親屬貳口
男壹口
不成丁壹口男郎寄兒年肆歲
婦人壹口
本身年貳拾玖歲
事産：
田土壹頃壹拾柒畝肆厘
水田貳拾叁畝壹分肆厘　陸地陸畝肆分陸厘
山捌拾柒畝肆分肆厘
房舍瓦屋叁間
營生：養種

葉六十九上〔一〕

二

一户郎七八娷〔二〕，元係湖州路安吉縣移風鄉六管新墟村人氏，亡宋民户，至元十二年十二月内歸附，見於本管住坐應當民役
計家：叁口
親屬叁口
婦人叁口
本身年柒拾壹歲　男婦陳五娘年□
女孫郎婆娘年伍歲
事産：
田土捌畝壹分
水田壹畝捌分　陸地壹畝柒分
山肆畝陸分
房舍瓦屋貳間壹步
孳畜：黄牛壹頭
營生：養種

六

一户蔣十九〔三〕，元係湖州路安吉縣移風鄉六管新墟村人氏，亡宋民户，至元十二年十二月内歸附，見於本管住坐□
計家：親屬壹口

〔一〕該葉與同册葉三十二内容基本相同，爲重複葉。
〔二〕該户與同册葉三十二「郎七八娷」户爲同一户。該户文字排列略爲緊湊，僅有十三行，前者爲十七行。
〔三〕該户與同册葉三十二「蔣十九」户爲同一户。該户文字排列略爲緊湊，僅有九行，前者爲十一行。

3　男子成丁壹口

4　　　　　本身年肆拾捌歲

5　事産：

6　地土柒分伍厘

7　陸地柒分伍厘

8　房舍瓦屋壹間

9　營生：養種

〖三〗

1　一户郎九九〔一〕，元係湖州路安吉縣移風鄉六管新墟村人氏，亡宋民户，至元十二年十二月内歸

2　　　　　住坐應當民役

3　計家：壹口

4　親属壹口

5　男子壹口

6　不成丁壹口

7　　　　　本身年陸拾玖歲

8　事産：

[後闕]

〔一〕該户第一、二行與同册葉三十二「郎九九」户第一、二行基本重複，皆係「移風鄉六管新墟村人氏」，結合該葉其他兩户與葉三十二重複的情況，大概判斷兩處爲同一户。該户比前者多出六行内容。

葉七十上〔一〕

1 一户徐万十二〔二〕，元係湖州路安吉縣鳳亭鄉二管前澤村人氏，亡宋是父徐千三作民户附籍，至元十二年十二月内歸附，至元

2 □上司行下，爲万十二名下田地苗税相應，定奪万十二作弓手□

3 當本縣獨松巡檢司弓手差役

4 計家：親屬陸口

5 男子肆口

6 成丁貳口

7 本身年肆拾貳歲　弟徐万十三年叁拾□

8 不成丁貳口

9 姪徐孫兒年壹拾肆歲　姪徐二十年壹拾□

10 婦人貳口

11 娙施三娘年肆拾貳歲　姪閏娘年壹□

12 事産：

13 田土伍拾貳畝柒分伍厘

14 水田肆畝玖分　陸地壹拾柒畝捌□

15 山叁拾畝

〔一〕該葉與同册葉四十四内容基本相同，爲重複葉。

〔二〕該户與同册葉四十四「徐万十二」户爲同一户。

16　房舍瓦屋肆間壹步
17　營生：養種

1　一户孟五八〔一〕，元係湖州路安吉縣鳳亭鄉二管人氏，亡宋作民户，至元十二年十二月内歸附，至元二十年十月内蒙
2　上司行下，爲五八名下田地苗税相應，定奪五八作弓手□
3　本縣獨松巡檢司弓手差役
4　計家：親属叁口
5　男子成丁貳口
6　本身年伍拾肆歲　男孟千五年壹□
7　婦人壹口男婦楊四娘年壹拾捌歲
8　事産：
9　田土叁拾肆畝捌分
10　水田貳畝伍分伍厘　陸地壹拾柒畝□
11　山壹拾伍畝
12　房舍瓦屋貳間壹步
13　營生：養種

〔一〕該户與同册葉四十四「孟五八」户爲同一户。

葉七十一上

〔ST—Z：1·71a·151〕

1 一户王六六，元係湖州路安吉縣鳳亭鄉六管江渚溪人氏，亡宋民户，至元十二年十二月内歸附，見於本管賃

2 計家：親属男子不成丁壹口

3 本身年柒拾歲

4 營生：求趁

〔ST—Z：1·71a·152〕

1 一户陳八二，元係湖州路安吉縣鳳亭鄉六管吾墅村人氏，亡宋民户，至元十二年十二月内歸附，見於本管

2 計家：親属男子不成丁壹口

3 本身年柒拾貳歲

4 事産：

5 田土捌畝捌分

6 水田伍畝壹分伍厘　陸地叁畝肆分

7 山貳分伍厘

8 草屋壹間

9 營生：養種

〔ST—Z：1·71a·153〕

1 一户徐六一，元係湖州路安吉縣鳳亭鄉六管周湖村人氏，亡宋民户，至元十二年十二月内歸附，見於本

2 計家：親属男子不成丁壹口

3 本身年柒拾陸歲

4 事産：
5 陸地伍畝伍分叁厘
6 瓦屋壹間壹步
7 營生：養種

[ST—Z:1·71b·154]

1 一户余三九㛹，元係湖州路安吉縣鳳亭鄉六管郭家塢人氏，亡宋時民户，至元十二年十二月内□
2 坐應當民役
3 計家：親屬婦人壹口
4 本身年柒拾歲
5 事産：
6 地土貳畝柒分伍厘
7 陸地壹畝柒分伍厘　山壹畝
8 房舍賃房住坐
9 營生：雜趁

葉七十二上

［前闕］

計家：親屬伍口〔一〕
男子叁口
成丁壹口本身年肆拾叁歲
不成丁貳口
男郎歸兒年壹拾歲　　次男郎小娜年陸歲
婦人貳口
妻錢三娘年伍拾叁歲　　女郎娜娘年捌歲
事産：
地土叁拾肆畝柒分伍厘
陸地捌畝柒分伍厘　　山貳拾陸畝
房舍瓦屋貳間
營生：木匠

一户朱千十〔二〕，元係湖州路安吉縣浮玉鄉三管人氏，亡宋匠〔三〕户，至元十二年十二月内歸附
計家：親屬肆口
男子□

〔一〕據該户第五行「男郎歸兒」可知爲郎姓人户，且該户内容與同册葉二十二郎姓人户基本重複，故兩處爲同一户。
〔二〕該户與同册葉二十二「朱千十」户爲同一户。
〔三〕匠　原文以「匠」字覆蓋「民」字。

葉七十二下

成丁壹口

本身年肆拾壹歲

不成丁壹口

男朱双児年壹拾叁歲

婦人貳口

妻施卯娘年貳拾柒歲

女朱帰娘年伍歲

事産：

田土壹拾陸畝壹分捌厘

水田壹畝肆分　　陸地貳畝柒分捌厘

山壹拾貳畝

房舍瓦屋壹間

營生：

絮匠

册二　下平聲第二

葉一上

[ST—Z：2・1a・155]

一户潘六五，元係湖州路安吉縣鳳亭鄉三管上戴村人氏，亡宋時民户附籍，至元十二年十二月内歸附，即目見於本管住坐應

當□

計家：貳口

親属貳口

男子壹口

不成丁壹口

本身年柒拾伍歲

婦人壹口

妻李一娘年陸拾玖歲

驅口典雇無

事産：

地土壹畝

陸地上件

草屋壹間

營生：

養種爲活

[ST—Z：2・1b・156]

1　一户朱□九，元係湖州路　　户差役

2

3　計家：壹口

4　親属壹口

5　男子壹口

6　成丁壹口本身年肆拾玖歲

7　驅口典雇無

8　事産：

9　地土伍畝伍分

10　陸地貳畝伍分　　山叁畝

11　瓦屋壹間

12　營生：

13　養種爲活

紙背録文篇　册二
下平聲第二　葉一

葉二上

〔ST—Z：2・2a・157〕

一户姚四四，元係湖州路安吉縣鳳亭鄉叁管黄市村人氏，亡宋民户，至元十二年十一月内歸附，即目於本□

應當民役

計家：親屬貳口

男子壹口

不成丁壹口本身年柒拾伍歲

婦人壹口

妻方七娘年柒拾壹歲

事産：

田土肆畝伍厘

水田貳畝貳分伍厘　　陸地壹畝捌分

營生：養種

〔ST—Z：2・2a・158〕

一户尹七三，元係湖州路安吉縣鳳亭鄉叁管黄市村人氏，亡宋民户，至元十二年十一月内歸附，見於本管□

計家：親屬貳口

男子壹口

不成丁壹口本身尹七三年陸拾伍歲

婦人壹口妻錢十六□年陸拾壹歲
事産：
地土陸畝捌分
陸地肆畝捌分　山貳畝
草屋壹間
營生：養種

〔ST—Z：2・2b・159〕

一户方百二㛐，元係湖州路安吉縣鳳亭鄉叁管黄市村人氏，亡宋故夫方百二作民户，至元十二年十一月□
百二㛐於本管住坐應當民役
計家：親屬婦人壹口
方百二㛐年肆拾伍歲
事産：
田土柒畝
水田壹畝陸分　陸地伍畝肆分
瓦屋貳間
營生：養種

葉三上

[ST—Z : 2 · 3a · 160]

一户吴万三，元係湖州路安吉縣鳳亭鄉五管箭東村人氏，亡宋是父吴万一作民户，至元十二年十一月□
即目是万三於本管住坐應當民役
計家：壹口
親属壹口
男子壹口
成丁壹口
本身年貳拾玖歲
驅口無
典雇身人無
事産：
田土貳拾貳畝
水田伍畝肆分　　陸地壹拾陸畝陸分
草屋壹間
孳畜：無
營生：養種

［ST—Z：2・3b・161］

一户施婆兒，元係湖州路安吉縣移風鄉大宛村人氏，亡宋是叔施万六作民户，至元十二年十一月内□
叔身故，即目是婆兒移在鳳亭鄉五管箭東村住坐應當□
計家：壹口
親属壹口
男子壹口
成丁壹口
本身年叁拾貳歲
驅口無
典雇身人無
事産：
田土壹拾畝壹分捌厘
水田肆畝貳分捌厘　陸地伍畝玖分
瓦屋壹間
孳畜：無
營生：養種

葉四上

[ST—Z：2·4a·162]

[前闕]

1 草屋壹間

2 營生：養種

[ST—Z：2·4a·163]

1 一户李二十九户下二十五，元係湖州路安吉縣鳳亭鄉叁管黄市村人氏，亡宋民户，至元十二年十一月内歸附，見□

2 屋住坐應當民役

3 計家：親属男子成丁壹口

4 本身年叁拾貳歲

5 營生：求趁

[ST—Z：2·4a·164]

1 一户施五六，元係湖州路安吉縣鳳亭鄉叁管黄市村人氏，亡宋民户，至元十二年十一月内歸附，見於本□

2 當民役

3 計家：親属男子不成丁壹口

4 本身年柒拾壹歲

5 事産：

6 地土貳拾肆畝叁分伍厘

7 陸地陸畝叁分伍厘　山壹拾捌畝

8 瓦屋壹間壹步

9 營生：養種

［ST—Z:2·4b·165］

一户施千一，元係湖州路安吉縣鳳亭鄉叁管黄市村人氏，亡宋民户，至元十二年十一月内歸附，見於□
應當民役
計家：壹口
親属壹口
男子壹口
不成丁壹口
本身年陸拾捌歲
驅口無
典雇身人無
事産：
陸地伍分
草屋壹間
孳畜：無
營生：養種

葉五上

[ST—Z：2・5a・166]

[前闕]
計家：親屬壹口
男子成丁壹口
本身年肆拾伍歲
驅口典雇無
事産：
陸地伍分
瓦屋貳間壹步
營生：
養種爲活

[ST—Z：2・5a・167]

一户王八二，元係湖州路安吉縣鳳亭鄉三管平田村人氏，亡宋時民户，至元十二年十一月内在本鄉歸附，即目見於本管住坐應當民□
計家：親屬壹口
男子成丁壹口
本身年叁拾捌歲
驅口典雇無
事産：
地土肆畝

8 陸地上件

9 草屋壹間

10 營生：

11 養種爲活

[ST—Z : 2 · 5b · 168]

1 一户方二十四姫，元係湖州路安吉縣鳳亭鄉三管平田村人氏，亡宋時民户附籍，至元十二年十二月内在本鄉歸附，見於本管住

坐應□

2 計家：貳口

3 親屬貳口

4 婦人貳口

5 本身方二十四姫年柒拾伍歲　孫女妹娘年柒歲

6 驅口典雇無

7 事産：

8 陸地柒畝柒分

9 草屋壹間

10 營生：養種

葉六上

[ST—Z：2・6a・169]

一户李阿一，元係湖州路安吉縣鳳亭鄉四管金村人氏，亡宋時民户附籍，至元十二年十二月内在本鄉歸附，見於本管住坐□
民户差役
計家：壹口
親属壹口
男子壹口
成丁壹口
本身年貳拾伍歲
驅口無
典雇無
事産：
地土無
房舍
瓦屋壹步
孳畜：無
營生：

16 養種爲活

［ST—Z：2・6b・170］

1 一户方十一娘，元係湖州路安吉縣鳳亭鄉四管金村人氏，亡宋時作民户附籍，至元十二年十二月内歸附，見於本管住□

2 民户差役

3 計家：壹口

4 親屬壹口

5 婦人壹口

6 本身年陸拾伍歲

7 驅口典雇身人無

8 事産：

9 地土貳畝柒分

10 陸地上件

11 房舍

12 瓦屋壹間

13 營生：養種

葉七上

[ST—Z：2・7a・171]〔一〕

本身王四七年肆拾叁歲
事産：
田土陸畝叁分伍厘
水田壹畝捌分伍厘　陸地肆畝伍分
營生：養種

[ST—Z：2・7a・172]

一户朱林孫秀，元係湖州路安吉縣鳳亭鄉四管芝里村人氏，亡宋時民户，至元十二年十二月内歸附，見於本管住坐應□
計家：親属壹口
男子成丁壹口
本身年貳拾柒歲
事産：
田土叁頃玖拾伍畝玖厘
水田叁拾柒畝捌分貳厘　陸地壹頃壹拾肆畝柒分柒□
山貳頃肆拾貳畝伍分
瓦屋叁間

〔一〕該户爲「王四七」户，同册葉二十四亦有「王四七」户，從兩户所在葉其他人户判斷，兩户當皆係「湖州路安吉縣鳳亭鄉四管芝里村人氏」，且同爲民户，僅存成丁壹口王四七，綜合以上三點推斷本户與同册葉二十四「王四七」户爲同一户，後者當係前者缺失之前半部分。須注意者，兩葉筆迹不相同。

營生：養種

[ST—Z：2・7b・173]

一户李婆壽，元係湖州路安吉縣鳳亭鄉四管芝里村人氏，亡宋時民户，至元十二年十二月内歸附，見於本管住坐應當民□

計家：親属壹口

男子成丁壹口

本身年叁拾伍歲

事産：

田土伍畝叁分叁厘

水田貳畝　陸地叁畝叁分叁厘

瓦屋壹間

營生：養種

[ST—Z：2・7b・174]

一户吴三德秀，元係湖州路安吉縣魚池鄉一管上吴村人氏，亡宋時民户，至元十二年十二月内歸附以後移居在鳳亭鄉四管□

住坐應當民役

計家：貳口

親属壹口

男子成丁壹口

本身吴三德秀年叁拾伍歲

[後闕]

葉八上〔一〕

〔前闕〕

1 計家：親屬壹口〔二〕
2 　男子不成丁壹口
3 　　本身施小歸年玖歲
4 事産：
5 　田土伍畝柒分陸厘
6 　　水田貳畝伍分　　陸地叁畝貳分陸厘
7 營生：養種

1 一户郎三〔三〕，元係湖州路安吉縣鳳亭鄉四管金村人氏，亡宋時民户，至元十二年十二月内歸附，見於本管□
2 計家：親屬壹口
3 　男子不成丁壹口
4 　　本身郎三年柒拾捌歲
5 事産：
6 　陸地貳畝伍分
7 營生：養種

1 一户朱五十秀〔四〕，元係湖州路安吉縣鳳亭鄉四管金村人氏，亡宋時民户，至元十二年十二月内歸附，見於本管賃屋□

〔一〕該葉與册一葉三十三内容基本相同，爲重複葉。
〔二〕據該行可知爲「施小歸」户，與册一葉三十三「施小歸」户内容基本重複，故爲同一户，且册一葉三十四「施小歸」户爲上述兩户共同缺失之户頭。
〔三〕該户與册一葉三十三「郎三」户爲同一户。
〔四〕該户與册一葉三十三「朱五十秀」户爲同一户。

2 計家：親属壹口
3 男子成丁壹口
4 本身年伍拾歲
5 事産：
6 田土壹頃壹拾叁畝陸分肆厘
7 水田壹拾陸畝捌分捌厘　陸地壹拾玖畝柒分□
8 山柒拾陸畝玖分捌厘
9 營生：養種

1 一户施十〔一〕，元係湖州路安吉縣鳳亭鄉四管金村人氏，亡宋時民户，至元十二年十二月内歸附，見於本管住坐□
2 計家：親属壹口
3 男子成丁壹口
4 本身年伍拾肆歲
5 事産：
6 田土壹拾柒畝壹分叁厘
7 水田叁畝伍分　陸地捌畝陸分叁厘

〔後闕〕

〔一〕該户與册一葉三十三「施十」户爲同一户。

葉九上

［ST—Z：2·9a·175］

1 ［前闕］房舍瓦屋壹間壹步
2 營生：養種

［ST—Z：2·9a·176］

1 一户方万五，元係湖州路安吉縣鳳亭鄉五管梅村人氏，亡宋時作民户附籍，至元十二年十二月内歸附，見於本□
2 應當民户差役
3 計家：壹口
4 親属壹口
5 男子壹口
6 成丁壹口
7 本身年叁拾陸歲
8 事産：
9 地土陸畝陸分　山肆畝〔一〕

〔一〕山肆畝　據行文體例，「山肆畝」應該位於葉九下第十行「陸地貳畝陸分」下，此處當係抄錯位置。

葉九下

10　　陸地貳畝陸分
11　　房舍瓦屋壹間
12　營生：
13　　養種爲活

［ST—Z：2·9b·177］

1　一户李二十四，元係湖州路安吉縣鳳亭鄉五管梅村人氏，亡宋時民户附籍，至元十二年十二月内歸附，即目見於□
2　　坐應當民户差役賃屋
3　計家：親属壹口
4　　男子壹口
5　　　成丁壹口
6　　　　本身年壹拾伍歲
7　事産：
8　　陸地柒畝叁分

［後闕］

葉十上

[ST—Z : 2 • 10a • 178]

1 一户方九二娙，元係湖州路安吉縣鳳亭鄉五管下陂村人氏，亡宋是故祖方七四作民户□

2 在後祖身故，即目是九二娙於本管住坐應□

3 計家：親屬肆口

4 男子不成丁壹口姪方閔児年壹拾歲

5 婦人叁口

6 本身年肆拾伍歲　女方華娘年□

7 孫女方妹娘年貳歲

8 事産：

9 田土肆畒捌分捌厘

10 水田叁畒陸分　陸地壹畒□

11 瓦屋貳間壹步

12 孳畜：黄牛壹頭

13 營生：養種

[ST—Z : 2 • 10a • 179]

1 一户方六四，元係湖州路安吉縣鳳亭鄉五管下陂村人氏，亡宋是故父方八五作民户，至元□

2 於本管賃屋住坐應當民役

3 計家：親属男子壹口
4 不成丁壹口
5 本身年陸拾壹歲
6 事産：
7 田土肆畝壹分
8 水田叁畝　陸地壹畝壹□
9 營生：求趁

[ST—Z：2·10b·180]

1 一户孫百二，元係湖州路安吉縣鳳亭鄉五管下陂村人氏，亡宋是父孫四八作民户，至□
2 在後父身故，即目是百二於本管住坐應當□
3 計家：親属壹口
4 男子壹口
5 成丁壹口本身年肆拾伍歲
6 驅口無
7 典雇身人無
8 事産：
［後闕］

葉十一上

[ST—Z : 2 · 11a · 181]

一户李百六，元係湖州路安吉縣銅山鄉七管朱澤村人氏，亡宋作民户，至元十二年十一月内歸附，至元□年□
到鳳亭鄉五管鈕家鋪賃屋住坐應當民役
計家：親屬男子不成丁壹口
本身年陸拾柒歲
事産：
地土貳拾壹畝
陸地陸畝　山壹拾伍畝
營生：養種

[ST—Z : 2 · 11a · 182]

一户吴七，元係湖州路安吉縣鳳亭鄉伍管鈕家鋪人氏，亡宋是父吴七六作民户，至元十二年□
本管住坐，即目是七應當民役
計家：親屬壹口
男子成丁壹口
本身年叁拾玖歲
事産：
田土□□柒分伍厘

8　水田叁畝　陸地壹畝柒分□
9　瓦屋壹間壹步
10　營生：養種

［ST—Z：2·11b·183］

1　一户吳九一，元係湖州路安吉縣銅山鄉八管福食村人氏，亡宋故父吳八七作民户，至元十二年□
2　在鳳亭鄉五管住坐應當民役
3　計家：壹口
4　親属壹口
5　男子壹口
6　成丁壹口
7　本身九一年叁拾捌歲
8　軀口無
9　典雇身人無
10　事産：無
11　孳畜：無
12　營生：賣柴

葉十二上

[ST—Z：2·12a·184]

［前闕］
不成丁貳口
男丘佛保年壹拾歲　男丘婆孫年捌歲
婦人壹口妻俞五娘年叁拾伍歲
事産：
田土壹拾叁畝陸分肆厘
水田肆畝貳分貳厘　陸地玖畝肆分貳厘
房舍瓦屋壹間
營生：養種

[ST—Z：2·12a·185]

一户凌十五，元係湖州路安吉縣鳳亭鄉六管富家塢人氏，亡宋時是祖凌小九作民户附籍，至元十二年十一月内歸附在□
於本管住坐應當民役
計家：親属伍口
男子叁口
成丁叁口
本身年叁拾捌歲　弟凌十六年叁拾肆歲
弟凌十七年貳拾叁歲

婦人貳口
婆沈七娘年柒拾捌歲　母親潘七娘年伍拾伍歲
事産：
地土壹拾貳畝捌分
陸地叁畝叁分　山玖畝伍分
房舍瓦屋貳間壹步
營生：養種

[ST—Z：2・12b・186]

一户陳万三，元係湖州路安吉縣鳳亭鄉六管富家塢人氏，亡宋時作民户附籍，至元十二年十一月内歸附，見於本管住坐應當□
計家：親屬肆口
男子叁口
成丁貳口
男千九年叁拾柒歲　男陳万十二年叁拾歲
不成丁壹口本身年柒拾貳歲
婦人壹口妻陳一娘年陸拾貳歲
事産：
［後闕］

葉十三上

[ST—Z : 2 • 13a • 187]

一户張百十二婹，元係湖州路安吉縣鳳亭鄉六管北山村人氏，亡宋時民户附籍，至元十二年十二月内歸附，見於本□
當民户差役
計家：親属貳口
男子壹口
不成丁壹口男觀勝年捌歲
婦人壹口
本身張百十二婹年肆拾柒歲
事産：
地土叁畝捌分
陸地壹畝伍分　　山貳畝叁分
房舍草屋壹間
營生：
養種爲活

[ST—Z : 2 • 13a • 188]

一户張細三，元係湖州路安吉縣鳳亭鄉六管北山村人氏，亡宋時民户附籍，至元十二年十二月内在本鄉歸附，見於本□
當民役賃屋居住

3 計家：親屬壹口
4 男子壹口
5 成丁壹口
6 本身張細三年伍拾柒歲
7 事産：
8 地土捌畝
9 陸地貳畝伍分　　山伍畝伍分
10 營生：養種

［ST—Z：2·13b·189］

1 一户張小千十一，元係湖州路安吉縣鳳亭鄉六管北山村人氏，亡宋時民户附籍，至元十二年十二月内歸附，見於本管□
2 坐應當民役
3 計家：親屬壹口
4 男子壹口
5 成丁壹口
6 本身張小千十一年叁拾玖歲
7 營生：雜趁

葉十四上

［ST—Z：2・14a・190］

［前闕］

1 水田玖分　陸地壹畝陸分

2 山叁拾肆畝

3 營生：

4 養種爲活

［ST—Z：2・14a・191］

1 一户郎二十一，元係湖州路安吉縣銅山鄉三管人氏，亡宋時民户附籍，至元十二年十二月内歸附，於至元二十五年分與鳳亭

2 鄉□塢住坐應當民役

3 計家：壹口

4 親屬壹口

5 男子壹口

6 成丁壹口

7 本身年貳拾壹歲

8 事産：

9 田土叁拾叁畝捌分

10 水田壹畝壹分陸厘　陸地肆畝叁分肆厘

11 山貳拾捌畝叁分

12 房舍

13 瓦屋貳間壹步
14 營生：養種

[ST—Z：2・14b・192]

1 一户凌二十五，元係湖州路安吉縣鳳亭鄉亭鄉〔一〕六管栗子塢人氏，亡宋時民户附籍，至元十二年十二月内在本鄉歸附，即□
2 管住坐應當民役
3 計家：壹口
4 親屬壹口
5 男子壹口
6 成丁壹口
7 本身年肆拾貳歲
8 驅口典雇身人無
9 事産：
10 地土柒畝伍分
11 陸地貳畝伍分　山伍畝
12 營生：養種

〔一〕亭鄉「亭鄉」二字疑衍。

葉十五上

［ST—Z：2·15a·193］

［前闕］

1　房舍瓦屋貳間壹步

2　孳畜：黄牛貳頭

3　營生：鐵匠

［ST—Z：2·15a·194］

1　一户潘細万三，元係湖州路安吉縣移風鄉四管五女村人氏，亡宋作木匠，至元十二年十二月内歸附

2　計家：親屬肆口

3　男子成丁貳口

4　本身年叁拾捌歲　姪潘十一年貳拾玖歲

5　婦人貳口

6　妻淩三娘年叁拾伍歲　女潘六娘年捌歲

7　事産：

8　田土貳拾玖畝柒分柒厘

9　水田貳畝伍分叁厘　陸地壹畝柒分

10　山貳拾伍畝伍分肆厘

11　房舍瓦屋貳間

營生：木匠

[ST—Z：2·15b·195]

一户潘九柒，元係湖州路安吉縣移風鄉四管五女村人氏，亡宋作木匠，至元十二年十二月内歸附
計家：親属叁口
　　男子成丁貳口
　　　本身年肆拾貳歲　　　男潘小弟年壹拾陸歲
　　婦人壹口母親施二娘年陸拾壹歲
事産：
　　田土伍拾貳畝玖分貳厘
　　　水田肆畝貳分貳厘　　　陸地壹畝貳分伍厘
　　　山肆拾柒畝肆分伍厘
　　房舍瓦屋壹間
營生：木匠

[ST—Z：2·15b·196]

一户潘千八，元係湖州路安吉縣移風鄉四管五女村人氏，亡宋木匠，至元十二年十二月内歸附
［後闕］

葉十六上

[ST—Z：2・16a・197]

[前闕]

1 計家：親屬伍口

2 男子肆口

3 成丁叁口

4 本身年伍拾捌歲　男潘十四年叁拾歲

5 男潘十七年貳拾貳歲

6 不成丁壹口男潘娜子年壹拾叁歲

7 婦人壹口女潘六娘年玖歲

8 事産：

9 田土肆拾陸畝玖分叁厘

10 水田捌畝伍分　陸地捌分壹厘

11 山叁拾柒畝陸分貳厘

12 房舍瓦屋貳間貳步

13 孳畜：黄牛貳頭

14 營生：木匠

[ST—Z：2・16a・198]

1 一户潘二，元係湖州路安吉縣鳳亭鄉四管五女村人氏，亡宋作木匠，至元十二年十二月内歸附

計家：親屬伍口
男子叁口
成丁壹口本身年叁拾歲
不成丁貳口
男巳兒年壹拾歲　男潘小娜年柒歲
婦人貳口
母親潘十七娘年陸拾歲　妻施□娘年貳拾柒歲
事産：
田土捌拾貳畝陸分陸厘
水田玖畝陸分捌厘　陸地貳畝
山柒拾畝玖分捌厘
房舍瓦屋貳間叁步
孳畜：黄牛貳頭
營生：木匠

葉十七上〔一〕

一户施四十〔二〕，元係湖州路安吉縣移風鄉一管大宛村人氏，亡宋作匠户，至元十二年十二月内歸附
計家：親属陸口
男子叁口
成丁壹口本身年肆拾伍歲
不成丁貳口
男施万十年壹拾歲　男施万十三年伍歲
婦人叁口
母親方七六娘年柒拾貳歲　妻余七娘年肆拾歲
男婦王一娘年壹拾歲
事産：
田土壹拾玖畝伍分
水田肆畝伍分　陸地壹畝伍分
山壹拾叁畝伍分
房舍瓦屋壹間壹步
孳畜：黄牛貳頭

〔一〕該葉與册一葉五十三内容基本相同，爲重複葉。
〔二〕該户與册一葉五十三「施四十」户爲同一户。

16 營生：竹匠

1 一户戚三二〔一〕，元係湖州路安吉縣移風鄉一管大宛村人氏，亡宋作匠户，至元十二年十二月内歸附

2 計家：親属肆口

3 男子叁口

4 不成丁叁口

5 本身年陸拾伍歲　男戚万十年陸歲

6 男戚二十一年叁歲

7 婦人壹口妻施七娘年叁拾伍歲

8 事産：

9 田土貳拾陸畝捌分

10 水田壹畝貳分　陸地壹畝柒分

11 山貳拾叁畝玖分

12 房舍瓦屋壹間壹步

［後闕］

〔一〕該户與册一葉五十三「戚三二」户爲同一户。

葉十八上

［ST—Z：2・18a・199］

一

一户李十六，元係湖州路安吉縣移風鄉七管人氏，亡宋民户，至元十二年十二月内歸附，見於本村住坐應當民役
計家：親屬貳口
男子不成丁壹口本身年柒拾歲
婦人壹口妻沈八娘年柒拾伍歲
事産：
地土陸畝壹分叁厘
陸地叁畝壹分叁厘　　山叁畝
房舍瓦屋壹間壹步
營生：養種

［ST—Z：2・18a・200］

一

一户李九嫂，元係湖州路安吉縣移風鄉七管峴里村人氏，亡宋民户，至元十二年十二月内歸附，見於本村住坐□
計家：親屬貳口
男子壹口
不成丁壹口孫李千一年壹拾叁歲
婦人壹口本身年柒拾歲
事産：

7 地土貳畝陸分伍厘
8 陸地壹畝伍分　山壹畝壹分伍厘
9 房舍瓦屋壹間壹步
10 營生：養種

［ST—Z：2・18b・201］

二

1 一户郎九，元係湖州路安吉縣移風鄉七管峴里村人氏，亡宋民户，至元十二年十二月内歸附，見於本村賃屋住□
2 計家：親屬壹口
3 男子不成丁壹口本身年柒拾伍歲
4 營生：作山

［ST—Z：2・18b・202］

三

1 一户徐千四，元係湖州路安吉縣移風鄉七管峴里村人氏，亡宋民户，至元十二年十二月内歸附，見於本村賃屋住□
2 計家：親屬壹口
3 男子不成丁壹口本身年陸拾捌歲
4 營生：作山

［ST—Z：2・18b・203］

五

1 一户施二十八，元係湖州路安吉縣移風鄉七管峴里村人氏，亡宋民户，至元十二年十二月内歸附，見於本村賃屋住□
2 計家：親屬壹口
3 男子成丁壹口本身年肆拾伍歲

［後闕］

[ST—Z：2・19a・204]

一

1 一户俞二十六，元係湖州路安吉縣移風鄉八管石門保人氏，亡宋民户，至元十二年十二月内歸附，見於本村住坐應當民役
2 計家：親属貳口
3 男子不成丁壹口本身年陸拾陸歲
4 婦人壹口妻胡三娘年陸拾貳歲
5 事産：
6 田土玖畝捌分貳厘
7 水田貳分伍厘　陸地伍分柒厘
8 山捌畝柒分　蕩叁分
9 房舍瓦屋貳間
10 孳畜：黄牛壹頭
11 營生：養種

[ST—Z：2・19a・205]

四

1 一户俞小七一，元係湖州路安吉縣移風鄉八管石門塢人氏，亡宋民户，至元十二年十二月内歸附，見於本村住坐應當民役
2 計家：親属男子不成丁壹口本身年陸拾壹歲
3 事産：
4 地土壹拾玖畝玖分伍厘

5 陸地玖分伍厘　山壹拾玖畝
6 房舍瓦屋貳間
7 營生：養種

[ST—Z：2·19b·206]

四

1 一户俞小六六，元係湖州路安吉縣移風鄉八管石門保人氏，亡宋民户，至元十二年十二月内歸附，見於本村住坐應[當]□
2 計家：親屬男子成丁壹口本身年貳拾柒歲
3 事産：
4 田土叁畝壹分貳厘
5 水田伍分柒厘　陸地陸分肆厘
6 山壹畝玖分壹厘
7 房舍草屋壹間
8 營生：養種

[ST—Z：2·19b·207]

五

1 一户施六二，元係湖州路安吉縣移風鄉八管石門保人氏，亡宋民户，至元十二年十二月内歸附，見於本村住坐應當民役賃[屋]□
2 計家：親屬男子成丁壹口本身年壹拾玖歲
3 事産：
4 山壹拾壹畝壹厘
5 營生：養種

葉二十上〔一〕

[ST—Z：2・20a・208]

［前闕］

1 房舍瓦屋貳間

2 營生：養種

九

1 一户梅万二〔二〕，元係湖州路安吉縣移風鄉八管馬跡保人氏，亡宋民户，至元十二年十二月内歸附，見於本村住坐應當民役

2 計家：親屬壹口

3 男子成丁壹口

4 本身年叁拾貳歲

5 事産：

6 田土伍畝肆分貳厘

7 水田壹畝柒分伍厘　陸地貳分

8 山叁畝肆分柒厘

9 房舍瓦屋壹間

10 營生：養種

一

1 一户曹万五〔三〕，元係湖州路安吉縣移風鄉八管馬跡保人氏，亡宋民户，至元十二年十二月内歸附，見於本村住坐應當民役

2 計家：親屬壹口

3 男子不成丁壹口本身年陸拾叁歲

〔一〕該葉與册一葉五十一内容基本一致，爲重複葉。

〔二〕該户與册一葉五十一第一户爲同一户。

〔三〕該户與册一葉五十一「曹万五」户内容基本重複，故兩處爲同一户。該户文字排列更爲緊湊，共九行，册一爲十一行；該户户頭作「馬跡保」而册一作「馬跡村」。

4 事産：
5 田土伍拾肆拾肆畝肆分壹分〔一〕
6 水田肆畝捌分捌厘　陸地伍分
7 山肆拾捌畝捌分捌厘　蕩壹分伍厘
8 房舍瓦屋壹間壹步
9 營生：養種

二

1 一户曹十六〔二〕，元係湖州路安吉縣移風鄉八管馬跡保人氏，亡宋民户，至元十二年十二月内歸附，見於本村住坐應當民役
2 計家：親屬壹口
3 男子不成丁壹口本身年陸拾伍歲
4 事産：
5 田土玖畝壹分捌厘
6 水田陸分肆厘　陸地貳分伍厘
7 山捌畝貳分玖厘
8 房舍瓦屋壹間
9 營生：養種

〔一〕該户第六、七行水田、陸地、山、蕩畝數累加可得伍拾肆畝肆分壹厘，恰與册一葉五十一重複户「曹万五」記載相合，故該行衍「拾肆」二字，且「壹分」乃「壹厘」之誤。
〔二〕該户與册一葉五十一「曹十六」户内容基本重複，故兩處爲同一户。該户文字排列更爲緊湊，共九行，册一爲十三行；該户户頭作「馬跡保」而册一作「馬跡村」。

葉二十一上

［ST—Z：2·21a·209］

一户施二十五，元係湖州路安吉縣梅溪鄉二管烏山村人氏，亡宋民户，至元十二年十二月内歸附，見於本村住坐應當民役
計家：親属壹口
　男子成丁壹口本身年肆拾伍歲
事産：
　田土陸畝柒分
　　水田肆畝叁分　　陸地貳畝肆分
　房舍瓦屋壹間
營生：養種

［ST—Z：2·21a·210］

一户施三十二，元係湖州路安吉縣梅溪鄉二管烏山村人氏，亡宋民户，至元十二年十二月内歸附，見於本村住□
計家：親属壹口
　男子不成丁壹口本身年陸拾捌歲
事産：
　田土貳畝伍分
　　水田貳畝
　　陸地伍分

8 房舍
9 瓦屋壹間
10 營生：
11 養種爲活

[ST—Z：2・21b・211]

1 一户段十三，元係湖州路安吉縣梅溪鄉二管烏山村人氏，亡宋民户，至元十二年十二月内歸附，見於本村住坐應當民□
2 計家：親屬壹口
3 男子成丁壹口
4 本身年伍拾歲
5 事産：
6 田土伍畝柒分伍厘
7 水田肆畝陸分
8 陸地壹畝壹分伍厘
9 房舍
10 瓦屋壹間
11 營生：養種

葉二十二上

[ST—Z：2・22a・212]

一户金阿回，元係湖州路安吉縣梅溪鄉一管金村人氏，亡宋民户，至元十二年十二月内歸附，見於本村住坐應當□

計家：壹口

親屬壹口

男子壹口

不成丁壹口

本身年壹拾叁歲

事産：

田土貳拾壹畝

水田捌畝伍分　陸地叁畝伍分

山玖畝

房舍瓦屋壹間壹厦

營生：養種

[ST—Z：2・22a・213]

一户姚千十五，元係湖州路安吉縣梅溪鄉一管金村人氏，亡宋民户，至元十二年十二月内歸附，見於本村□

計家：壹口

親屬壹口

4 男子□
5 成丁壹口
6 本身年肆拾伍歲
7 事産：
8 田土肆畝壹分
9 水田貳畝捌分　　陸地壹畝叁分
10 房舍草屋壹間
11 營生：養種

[ST—Z：2·22b·214]

1 一户金三十一，元係湖州路安吉縣梅溪鄉一管金村人氏，亡宋民户，至元十二年十二月内歸附，見於本村住坐應當民役
2 計家：壹口
3 親属壹口
4 男子壹口
5 成丁壹口
6 本身年肆拾玖歲
7 事産：

[後闕]

[ST—Z：2・23a・215]

一

一户施四五，元係湖州路安吉縣移風鄉二管人氏，亡宋時本名爲户作民户附籍，至元十二年十二月内在本鄉歸附

坐應當民户差役

計家：叁口

親屬叁口

男子貳口

成丁貳口

本身年伍拾壹歲

男施千三年叁拾壹歲

婦人壹口

妻張二娘年肆拾捌歲

軀口無

典雇身人無

葉二十三上

事産：
田土壹拾肆畝陸分
水田壹畝捌分
陸地叁分
山壹拾貳畝伍分
房舍
瓦屋貳間
營生：
養種

葉二十四上

［ST—Z：2·24a·216］

［前闕］

男子不成丁壹口
本身年陸拾伍歲
事産：
田土伍畝肆分壹厘
水田壹分貳厘　陸地伍畝貳分玖厘
瓦屋壹間
營生：養種

［ST—Z：2·24a·217］

一户朱百四下朱小娜，元係湖州路安吉縣鳳亭鄉四管芝里村人氏，亡宋時民户，至元十二年十二月内歸附，見於本□
當民户差役
計家：親屬壹口
男子不成丁壹口本身朱小娜年壹拾貳歲
事産：
田土壹拾柒畝叁分柒厘
水田柒畝伍分　陸地玖畝捌分柒厘
瓦屋壹間

9 營生：養種

[ST—Z：2·24b·218]

1 一户施阿六，元係湖州路安吉縣鳳亭鄉四管芝村〔一〕人氏，亡宋民户，至元十二年十二月内歸附，見於本管住坐應當民□
2 計家：親属壹口
3 男子成丁壹口
4 本身年伍拾壹歲
5 事産：
6 田土貳拾畝捌分伍厘
7 水田伍畝叁分　陸地玖畝伍分伍厘
8 山陸畝
9 瓦屋壹間壹步
10 營生：養種

1 一户王四七〔二〕，元係湖州路安吉縣鳳亭鄉四管人氏，亡宋民户，至元十二年十二月内歸附，見於本管賃屋□
2 當民户差役
3 計家：親属壹口
4 男子成丁壹口

〔一〕芝村　據前後文意，疑「芝村」中間脱「里」字，應爲「芝里村」。
〔二〕該户與同册葉七「王四七」户爲同一户，且同册葉七「王四七」户爲本户缺失之後半部分。然兩葉筆迹不相同。

葉二十五上

［ST—Z：2・25a・219］

［前闕］

典雇身人壹口

男子成丁壹口

李勝兒年叁拾叁歲

事産：

田土壹拾肆頃肆拾玖畝貳分玖厘

水田伍頃肆拾玖畝壹分貳厘　陸地壹頃陸拾

山柒頃叁拾壹畝柒分　蕩貳分

房舍瓦屋壹間

營生：養種

［ST—Z：2・25a・220］

一户楊千九，元係湖州路安吉縣鳳亭鄉四管芝里村人氏，亡宋民户，至元十二年十二月内歸附，見於本管

計家：壹口

親属壹口

男子壹口

成丁壹口本身年肆拾叁歲

事産：

7 田土壹畝叁分伍厘
8 水田柒分伍厘　陸地陸分
9 孳畜：無
10 營生：養種

[ST—Z：2·25b·221]

1 一户李六八，元係湖州路安吉縣鳳亭鄉四管芝里村人氏，亡宋民户，至元十二年十二月内歸附，見於本管□
2 計家：壹口
3 親属壹口
4 男子壹口
5 成丁壹口
6 本身年肆拾貳歲
7 事産：
8 地土壹畝柒分
9 陸地上件
10 瓦屋壹間
11 營生：養種

葉二十六上

[ST—Z：2・26a・222]

［前闕］

田土肆畝玖分伍厘
水田貳畝玖分　陸地貳畝伍厘
房舍瓦屋貳間
營生：養種

[ST—Z：2・26a・223]

二

一户沈七四，元係湖州路安吉縣浮玉鄉五管上市村人氏，亡宋民户，至元十二年十二月内歸附，見於本村住坐應□
計家：親属壹口
男子不成丁壹口本身年陸拾伍歲
事産：
田土肆拾叁畝捌分伍厘
水田伍畝伍分　陸地叁畝陸分
山叁拾肆畝柒分伍厘
房舍瓦屋貳間，租賃周四三秀屋
營生：養種

[ST—Z：2・26a・224]

五

一户趙乙娘，元係湖州路安吉縣浮玉鄉五管上市村人氏，亡宋民户，至元十二年十二月内歸附，見於本村住坐應□
計家：親属壹口

3 婦人壹口本身年柒拾伍歲
4 事産：
5 田土壹拾柒畝壹分玖厘
6 水田壹拾陸畝玖分玖厘　陸地貳分
7 房舍瓦屋壹間
8 營生：養種

[ST—Z：2・26b・225]

1 一户周六十婝，元係湖州路安吉縣浮玉鄉五管上市村人氏，亡宋民户，至元十二年十二月内歸附，見於本村住坐應□
2 計家：親屬壹口
3 婦人壹口本身年柒拾歲
4 事産：
5 田土壹拾叁畝柒分貳厘
6 水田貳分伍厘　陸地壹畝肆分柒厘
7 山壹拾貳畝
8 房舍瓦屋壹間
9 營生：養種

葉二十七上

[ST—Z:2·27a·226]

[前闕]
計家：親属貳口
男子不成丁壹口本身年陸拾陸歲
婦人壹口妻羅二娘年陸拾伍歲
事産：
陸地壹畝
房舍草屋壹間
營生：養種

[ST—Z:2·27a·227]

四

一户葛二十八，元係湖州路安吉縣浮玉鄉五管上市村人氏，亡宋民户，至元十二年十二月内歸附，見於本村住坐應當民□
計家：親属叁口
男子不成丁貳口
本身年陸拾伍歲　　男葛八兒年捌歲
婦人壹口妻施千娘年陸拾歲
事産：
房舍瓦屋壹間
營生：養種

［ST—Z：2・27b・228］

五

一户沈細歸，元係湖州路安吉縣浮玉鄉五管上市村人氏，亡宋民户，至元十二年十二月内歸附，見於本村住坐應當民□

計家：親屬叁口

男子不成丁貳口

本身年壹拾肆歲　弟沈三歸年壹拾貳歲

婦人壹口祖母沈三十娘年柒拾伍歲

事産：

陸地柒分伍厘

房舍草屋壹小間

營生：求趁

［ST—Z：2・27b・229］

二

一户潘万四娘，元係湖州路安吉縣浮玉鄉五管上市□

計家：親屬貳口

婦人貳口

本身年肆拾貳歲　女潘歸娘年壹拾玖歲

事産：

田土壹拾叁畝壹分伍厘

［後闕］

葉二十八上

[ST—Z：2・28a・230]

〔前闕〕

不成丁壹口男施婆兒年壹拾壹歲

婦人壹口母親董八娘年陸拾伍歲

事産：

地土伍畝陸分伍厘

陸地肆畝壹分伍厘　山壹畝伍分

房舍瓦屋貳間

營生：絮匠

[ST—Z：2・28a・231]

一户施六二，元係湖州路安吉縣浮玉鄉一管汪村人氏，亡宋時爲石匠户，至元十二年十二月内歸附

計家：親屬伍口

男子叁口

成丁貳口

本身年肆拾捌歲　男施七一年壹拾玖歲

不成丁壹口男施七四年捌歲

婦人貳口

母親施四娘年捌拾歲　妻沈十七娘年伍拾歲

事産：
地土貳拾伍畝叁分壹厘
陸地肆畝捌分壹厘　　山貳拾畝伍分
房舍瓦屋貳間
營生：石匠

〔ST—Z：2・28b・232〕

一户盛百六，元係湖州路安吉縣浮玉鄉一管汪村人氏，亡宋時爲竹匠户，至元十二年十二月内歸附
計家：親属陸口
男子肆口
成丁貳口
本身年伍拾伍歲　　男盛千五年壹拾玖歲
不成丁貳口
男盛弥児年肆歲　　男盛頂児年壹歲
婦人貳口

葉二十九上〔一〕

9 妻余十三娘年伍拾歲　女盛八娘年柒歲
10 事産：
11 田土肆畝陸分貳厘
12 水田壹分捌厘　陸地叁畝肆分柒厘
13 山玖分柒厘
14 房舍瓦屋貳間
15 孳畜：黄牛壹頭
16 營生：竹匠

[ST—Z : 2 • 29a • 233]

1 一户周二十九，元係湖州路安吉縣浮玉鄉一管汪村人氏，亡宋時爲絮匠户，至元十二年十二月内歸附
2 計家：親属捌口
3 男子陸口
4 成丁貳口
5 男周九兒年肆拾歲　孫周千二年壹拾陸歲
6 不成丁肆口
7 本身年柒拾壹歲　弟周三乙年陸拾壹歲

〔一〕本葉應與同册葉二十八爲連續葉。通過比對同册葉二十八下「盛百六」户與本葉開頭人户信息，可知前後記載在姓氏、居住地、女口數及營生各方面是高度吻合並前後銜接的，據此判斷葉二十九極有可能上接葉二十八「盛百六」户，故暫不編號。

8 姪孫周娜兒年玖歲　姪孫周小娜年壹歲
9 婦人貳口
10 妻金二娘年柒拾貳歲　男婦吴一娘年叁拾伍歲
11 事産：
12 田土玖畝肆分壹厘
13 水田叁畝　陸地伍畝貳分伍厘
14 山壹畝壹分陸厘
15 房舍瓦屋貳間
16 孳畜：黄牛壹頭
17 營生：絮匠

［ST—Z：2・29b・234］

1 一户潘丑，元係湖州路安吉縣浮玉鄉一管汪村人氏，亡宋時爲漆匠户，至元十二年十二月内歸附
2 計家：親屬男子成丁壹口本身年叁拾伍歲
3 事産：
4 田土叁畝柒分捌厘
5 水田捌分　陸地壹畝貳分
6 山壹畝柒分捌厘
7 營生：漆匠

葉三十上

〔ST—Z：2・30a・235〕

〔前闕〕

婦人叁口

妻梅念五娘年肆拾捌歲

男婦徐十四娘年壹拾肆歲

女王僧娘年伍歲

事産：

田土陸畝捌厘

水田貳畝壹分伍厘

陸地叁畝玖分叁厘

房舍瓦屋貳間

營生：鐵匠

〔ST—Z：2・30a・236〕

一户王六七，元係湖州路安吉縣浮玉鄉五管上市村人氏，亡宋鐵匠，至元十二年十二月内歸附

計家：壹拾叁口

親屬壹拾叁口

男子柒口

成丁叁口
男王七三年肆拾捌歲
男王八四年叁拾伍歲
男王八五年叁拾壹歲
不成丁肆口
本身年柒拾壹歲
孫王三一年壹拾壹歲
孫王小娜年貳歲
孫王三弟年壹歲
婦人陸口
妻張三娘年陸拾肆歲　男婦張十三娘年叁拾玖歲
男婦何九娘年壹拾玖歲　男婦鮑九娘年貳拾捌歲
［後闕］

葉三十一上

〔ST—Z：2・31a・237〕

〔前闕〕

計家：親屬肆口

男子叁口

成丁貳口

本身年陸拾歲　男王二十六年壹拾捌歲

不成丁壹口男王阿歸年壹拾肆歲

婦人壹口妻芦六娘年陸拾壹歲

事産：

田土肆畝貳分叁厘

水田叁分叁厘　陸地叁畝玖分

房舍瓦屋壹間壹步

營生：鐵匠

〔ST—Z：2・31a・238〕

一户王三，元係湖州路安吉縣浮玉鄉伍管上市村人氏，亡宋時爲鐵匠户，至元十二年十二月内歸附

計家：親屬肆口

男子叁口

成丁貳口

本身年伍拾歲　　男王招児年貳拾歲
不成丁壹口男王歸児年伍歲
婦人壹口妻施□娘年肆拾伍歲
事産：
田土壹拾肆畝肆分叁厘
水田貳畝壹分叁厘　　陸地捌畝叁分
山肆畝
房舍瓦屋貳間
營生：鐵匠

[ST—Z : 2 · 31b · 239]

一户王二十一，元係湖州路安吉縣浮玉鄉伍管上市村人氏，亡宋時爲鐵匠户，至元十二年十二月内歸附
計家：親属捌口
男子肆口
成丁叁口
[後闕]

[ST—Z：2・32a・240]

1　一户湯志榮，元係湖州路安吉縣浮玉鄉六管湯村人氏，亡宋民户，至元十二年十二月内歸附，見於本管住坐應當民役

2　計家：壹口

3　　親属壹口

4　　　男子壹口

5　　　　不成丁壹口

6　　　　　本身年陸拾貳歲

7　事産：

8　　田土陸拾貳畝肆分伍厘

9　　水田壹拾貳畝柒分伍厘

10　　陸地壹畝柒分

11　　山肆拾捌畝

12　　房舍瓦屋貳間

13　孳畜：黄牛伍頭

14　營生：

15　　養種爲活

[ST—Z：2·32b·241]

1 一户郎廿九，元係湖州路安吉縣浮玉鄉六管湯村人氏，亡宋民户，至元十二年十二月內歸附，見於本管住坐應當民役

2 計家：壹口

3 親属壹口

4 男子壹口

5 成丁壹口

6 本身年陸拾歲

7 事産：

8 田土叁畝柒分伍厘

9 水田叁分伍厘

10 陸地壹畝陸分伍厘

11 山壹畝柒分伍厘

12 房舍

13 瓦屋壹間

14 營生：養種

葉三十三上

[ST—Z：2·33a·242]

[前闕]

1 山捌畝叁分

2 房舍瓦屋壹間壹步

3 孳畜：黄牛壹頭

4 營生：養種

[ST—Z：2·33a·243]

1 一户施九一，元係湖州路安吉縣移風鄉六管塘裏村人氏，亡宋時咸淳年間係入施七六爲户作民户附籍，至元十□

2 在本鄉歸附，見於本村住坐應當民役

3 計家：親屬伍口

4 男子叁口

5 成丁貳口

6 本身年伍拾捌歲　女夫勝四四年叁拾歲

7 不成丁壹口男子施歸兒年叁歲

8 婦人貳口

9 妻馮五娘年肆拾陸歲　女施四娘年壹拾玖歲

10 事産：

11 田土肆拾畝陸分

12 水田壹畝柒分　　陸地肆畝玖分
13 山叁拾肆畝
14 房舍瓦屋貳間壹步
15 營生：養種

［ST—Z：2・33b・244］

1 一户施万九〔一〕，元係湖州路安吉縣移風鄉六管塘裏村人氏，亡宋時民户附籍，至元十二年十二月内在本鄉歸附，見□
2 坐應當民役
3 計家：親屬叁口
4 男子貳口
5 成丁壹口本身年肆拾歲
6 不成丁壹口男施関兒年貳歲
7 婦人壹口妻錢六娘年叁拾捌歲
8 事産：
9 田土壹頃肆拾畝伍分
10 水田壹拾伍畝肆分　　陸地玖畝玖分
11 山壹頃壹拾伍畝貳分

［後闕］

〔一〕該户與同册葉三十四「施万九」户爲同一户。

葉三十四上

[ST—Z：2・34a・245]

［前闕］
水田壹畝柒分坐落本管獨山脚
陸地肆畝玖分
一段貳畝叁分坐落本管東邊　一段貳畝陸分坐落本管□
山叁拾肆畝
一段壹拾伍畝坐落本管葛家山　一段壹拾玖畝坐落本管□
房舍瓦屋貳間壹步
營生：養種

一户施万九〔一〕，元係湖州路安吉縣移風鄉六管塘里村人氏，亡宋民户，至元十二年十二月内歸附，見於本村住坐應當民□
計家：親屬叁口
男子貳口
成丁壹口本身年肆拾歲
不成丁壹口男施閔兒年貳歲
婦人壹口妻錢六娘年叁拾捌歲
事産：
田土壹頃肆拾畝伍分
水田壹拾伍畝肆分
一段叁畝貳分坐落本管楊廓塢　一段伍畝坐落本管卸墓□

〔一〕該户與同册葉三十三「施万九」户第一到九行内容基本重複，故兩處爲同一户。該户内容首尾完整，共計十九行，而葉三十三殘缺後半部分，僅存十一行；「事産」一欄，該葉記載詳盡而葉三十三較爲簡略。

一段貳畝坐落本管何婆山脚　一段伍畝貳分坐落本管堂子□
陸地玖畝玖分
一段貳畝伍分坐落楊廓塢　一段叁畝坐落本管毛園塢
一段貳畝坐落本管大園里　一段貳畝肆分坐落本管東山□
山壹頃壹拾伍畝貳分
一段肆拾伍畝坐落本管陳家塢　一段叁拾叁畝坐落本管計家□
一段叁拾柒畝坐落本管楊廓塢　一段貳分坐落本管毛塔里
房舍瓦屋壹間
營生：養種

[ST—Z：2・34b・246]

一户施三十，元係湖州路安吉縣移風鄉六管塘里村人氏，亡宋民户，至元十二年十二月内歸附，見於本村住坐應當民役
計家：親屬叁口
男子成丁貳口
本身年肆拾肆歲　男施貴一年叁拾貳歲
婦人壹口妻曹三八娘年伍拾柒歲
事産：
[後闕]

葉三十五上

[ST—Z : 2 • 35a • 247]

［前闕］

山壹拾叁畝貳分柒厘坐落本管袁景塢

房舍瓦屋貳間

營生：養種

[ST—Z : 2 • 35a • 248]

一户莫千三，元係湖州路安吉縣移風鄉六管新墟村人氏，亡宋民户，至元十二年十二月内歸附，見於本村住坐應當民役

計家：親属捌口

男子伍口

成丁貳口

男莫関兒年貳拾陸歲　男莫亜二年貳拾貳歲

不成丁叁口

姪莫阿三年壹拾貳歲　本身年陸拾伍歲

姪莫求兒年肆歲

婦人叁口

弟婦徐九娘年肆拾歲　男婦施三一娘年貳拾歲

姪婦章二娘年壹拾陸歲

事産：

田土伍拾貳畝壹分貳厘

水田貳拾畝柒分貳厘

15 一段肆畝叁分坐落本管傅姆干　一段壹拾陸畝肆分貳厘坐落□
16 陸地伍畝陸分伍厘
17 一段肆畝壹分坐落本村　一段壹畝伍分伍厘坐落本管沈□
18 山貳拾伍畝柒分伍厘
19 一段壹拾伍畝坐落本管桃塢　一段壹拾畝柒分伍厘坐落本管□
20 房舍瓦屋貳間貳步
21 孳畜：黄牛壹頭
22 營生：養種

[ST—Z : 2 • 35b • 249]

1 一户陳廿五，元係湖州路安吉縣移風鄉六管新墟村人氏，亡宋民户，至元十二年十二月内歸附，見於本管住坐應當民役
2 計家：親屬陸口
3 男子肆口
4 成丁叁口
5 本身年肆拾伍歲　男陳三九年貳拾柒歲
6 弟陳四十年貳拾叁歲
7 不成丁壹口姪陳千一年柒歲

［後闕］

葉三十六上〔一〕

[**ST—Z：2・36a・250**]

1 一户潘四十，元係湖州路安吉縣浮玉鄉二管潘村人氏

2 計家：肆口

3 親属肆口

4 男子叁口

5 成丁貳口

〔一〕此葉行1與行2間有大段空白，疑内容有殘缺或爲兩户。

6 男潘八三年叁拾肆歲

7 男潘四六

〔後闕〕

［ST—Z：2・37a・251］

該户加在前頁福四一後訖

一户商拾肆，元係湖州路德清縣金鵝鄉拾伍都叁保南莊村人氏，亡宋乙亥年前作民户附籍，至□

正月内於本村歸附，見於本保住坐應當民役

計家：親屬壹拾貳口

男子捌口

成丁陸口

男拾陸年陸拾歲　　男拾捌年伍拾肆歲

男拾玖年肆拾玖歲　　男貳拾年肆拾貳歲

孫正壹年貳拾玖歲　　孫正貳年貳拾叁歲

不成丁貳口

商拾肆年柒拾玖歲　　孫茂長年貳歲

婦女肆口

葉三十七下

妻章貳拾壹娘年捌拾歲　男婦沈阡壹娘年肆拾玖歲
孫婦錢壹娘年貳拾柒歲　孫□年貳歲
事産：
田地肆畝玖分陸厘
水田貳畝貳分伍厘　陸地貳畝柒分壹厘
房屋叁間壹披
瓦屋貳間壹披　草屋壹間
船貳隻
營生：養種，佃田，帶種寂照院田壹拾畝

葉三十八上

[ST—Z：2・38a・252]

［前闕］

1 事産：

2 田地山伍畝捌分柒厘伍毫

3 水田叁畝貳分伍厘　陸地壹畝柒分伍厘

4 山捌分柒厘伍毫

5 營生：求趁

[ST—Z：2・38a・253]

1 一户盛伯叁，元係湖州路德清縣北界人氏，亡宋乙亥年前作民户附籍，至元十三年正月内在本縣隨[衆]□

2 見於本界賃房住坐應當民役

3 計家：親屬壹口

4 男子壹口

5 成丁壹口盛伯叁年陸拾歲

6 營生：雜趁

[ST—Z：2・38a・254]

1 一户李阡貳，元係湖州路德清縣北界人氏，亡宋乙亥年前作民户附籍，至元十三年正月内在本縣隨□

2 見於本界住坐應當民役

3 計家：親屬壹口

□
成丁壹口李阡貳年伍拾歲
事産：
陸地伍畝
瓦屋壹間
營生：□趁

[ST—Z：2・38b・255]

一户姜阡叁，元係湖州路德清縣北界人氏，亡宋乙亥年前作民户附籍，至元十三年正月内在本縣□
歸附，見於本界住坐應當民役
計家：親屬壹口
男子成丁壹口姜阡叁年伍拾捌歲
事産：
陸地貳分貳厘
瓦屋叁間
營生：裁縫

[ST—Z：2・38b・256]

一户張拾叁，元係湖州路德清縣永和鄉十八都烏山村人氏，亡宋乙亥年前作民户附籍，至元十三□
[後闕]

葉三十九上

［ST—Z：2·39a·257］

［前闕］

男子成丁壹口曾元壹年貳拾歲
婦女壹口妻阿潘年壹拾陸歲
事産：
地山壹拾陸畝柒分柒厘肆毫
陸地玖畝柒分柒厘肆毫　山柒畝
瓦屋壹拾肆間
營生：雜趁

［ST—Z：2·39a·258］

一户趙阡拾，元係湖州路德清縣北界人氏，亡宋乙亥年前作民户附籍，至元十三年正月内在本縣隨□
見於本界住坐應當民役
計家：伍口
親屬叁口
男子成丁壹口趙阡拾年肆拾肆歲
婦女貳口
妻王氏年叁拾伍歲　女佛女年柒歲
典雇身人婦女貳口

吴肆娘年貳拾叁歲　沈阿七年玖歲
事産：
田地山蕩壹頃壹拾畝陸分壹厘
水田叁拾柒畝柒分伍厘　陸地貳拾貳畝捌分壹厘
山肆拾畝柒分伍厘　水蕩玖畝叁分
瓦屋柒間
營生：守産

[ST—Z：2·39b·259]

一户吴錢阡叁，元係湖州路德清縣北界人氏，亡宋乙亥年前作民户附籍，至元十三年十一月内在本縣□
歸附，見於本界住坐應當民役
計家：伍口
親属伍口
男子肆口
成丁貳口
吴錢阡叁年叁拾柒歲　弟阡伍年貳拾柒歲

[後闕]

葉四十上

［ST—Z：2・40a・260］

［前闕］

陸地壹畝柒分伍厘　山壹畝柒分伍厘

賃房住坐

營生：養種

［ST—Z：2・40a・261］

一户姚伯拾壹，元係湖州路德清縣北界人氏，亡宋乙亥年前作民户附籍，至元十三年正月内於本界隨□

見於本界住坐應當民户差役

計家：親属叁口

男子貳口

成丁壹口姚伯拾壹年叁拾陸歲

不成丁壹口男阿長年陸歲

婦女壹口妻顧阡肆娘年叁拾歲

事産：無賃房住坐并租賃章府小船壹隻

營生：手趁

［ST—Z：2・40a・262］

一户沈伯玖，元係杭州路在城東北録事司小米巷附籍民户，於至元十三年正月内在彼處歸□

元二十六年十一月内隨本主楊官人前來德清縣北界□

當民户差役

紙
背
錄
文
篇

册
二

　4　計家：親屬叁口

　5　　　　男子貳口

　6　　　　　　成丁壹口沈伯玖年伍拾歲

　7　　　　　　不成丁壹口男壹年玖歲

　8　　　　婦女壹口妻陳貳娘年肆拾陸歲

　9　事產：無，典房住坐

　10　營生：手趁

[ST—Z：2・40b・263]

　1　一户袁柟，祖居湖州路德清縣北界人氏，亡宋乙亥年前作民户附籍，至元十三年正月內

　　　隨衆歸附，見於本界住坐應當民户差役

　2　計家：親屬叁口

　3　　　　男子貳口

　4　　　　　　成丁貳口

　5　　　　　　　　袁柟年伍拾伍歲

　6　　　　　　　　　　男謙益年貳拾玖歲

　7　　　　婦女壹口妻鮑阿叁娘年伍拾伍歲

[後闕]

葉四十一上

［ST—Z：2·41a·264］

〔前闕〕

1 田地陸畝玖分叁厘
2 水田陸畝貳分叁厘　陸地柒分
3 船壹隻
4 營生：養種

［ST—Z：2·41a·265］

1 一户沈伯貳，元係湖州路德清縣金鵞鄉十五都觀宅村壹保人氏，亡宋年作民户附籍，至元十三年在本村歸附，見於□
2 即目應當民役
3 計家：親属肆口
4 男子貳口
5 成丁貳口
6 沈伯貳年伍拾陸歲　男阿六年叁拾壹歲
7 婦女貳口
8 妻孫陸娘年伍拾壹歲　媳婦沈拾貳娘年貳拾壹歲
9 事産：
10 水田伍畝伍分

11 瓦屋壹間半并步
12 營生：養種

[ST—Z：2・41b・266]

1 一户沈肆叁，元係湖州路德清縣金鵞鄉十五都觀宅村壹保人氏，亡宋年間作民户附籍，至元十三年在本村歸附
2 保住坐，即目應當民役
3 計家：親属叁口
4 男子貳口
5 成丁壹口入贅女夫沈阡肆年壹拾柒歲
6 不成丁壹口沈肆叁年陸拾壹歲
7 婦女壹口女沈壹娘年壹拾伍歲
8 事産：
9 水田捌畝柒分伍厘
10 瓦屋壹間半并步　船壹隻
11 營生：養種

[ST—Z：2・41b・267]

1 一户沈拾貳，元係湖州路德清縣金鵞鄉十五都觀宅村壹保人氏，亡宋年間作民户附籍，至元十三年在本村歸附，見於本

[後闕]

葉四十二上

[ST—Z：2·42a·268]

[前闕]

不成丁貳口
孫拾貳年陸拾柒歲　孫男阿孫年玖歲
婦女貳口
媳婦沈拾柒娘年肆拾叁歲　孫女阿肆年壹拾壹歲
事産：
田地蕩叁畝壹分叁厘
水田貳畝壹分叁厘　陸地伍分
蕩伍分
瓦屋壹間壹厦并步　船壹隻
營生：養種

[ST—Z：2·42a·269]

一户姚伍壹，元係湖州路德清縣金鵞鄉拾伍都觀宅村壹保人氏，亡宋乙亥年作民户附籍，至元十三年在本
於本保住坐，即目應當民役
計家：親属陸口
男子叁口
成丁貳口

6 男陸貳年叁拾歲　次男阡叁年貳拾柒歲

7 不成丁壹口姚伍壹年陸拾貳歲

8 婦女叁口

9 妻吴伍娘年陸拾歲　媳婦胡拾伍娘年貳拾柒歲

10 孫女阿女年貳歲

11 事産：

12 陸地肆畝

13 瓦屋貳間并步　船壹隻

14 營生：養種

［ST—Z：2·42b·270］

1 一户沈叁壹㛹，元係湖州路德清縣金鵞鄉拾伍都觀宅村壹保人氏，亡宋乙亥年作民户附籍，至元十三□

2 附，見於本保住坐，即目應當民役

3 計家：親屬柒口

4 男子肆口

［後闕］

葉四十三上

［ST—Z：2·43a·271］

［前闕］

瓦屋壹間壹步

營生：養種

［ST—Z：2·43a·272］

一户沈叁壹，元係湖州路德清縣金鵞鄉拾伍都觀宅村壹保人氏，亡宋乙亥年前作民户附籍，[至][　　　　]

村歸附，見於本保住坐，即目應當民役

計家：親屬柒口

男子伍口

成丁貳口

沈叁壹年肆拾肆歲　　弟叁叁年肆拾歲

不成丁叁口

男李得年壹拾叁歲　　男阡叁年壹拾歲

男阡伍年柒歲

婦女貳口

母親曹叁娘年陸拾柒歲　　妻朱貳娘年叁拾肆[歲]

事産：

田地叁畝貳分伍厘

14　水田叁畝　陸地貳分伍厘
15　瓦屋壹間壹步　船壹隻
16　營生：養種

[**ST—Z : 2 · 43b · 273**]

1　一户孫叁捌婭，元係湖州路德清縣金鵞鄉拾伍都觀宅村壹保人氏，亡宋乙亥年前作民户附□
2　十三年在本村歸附，見於本保住坐，即目應當民役
3　計家：親属叁口
4　男子貳口
5　成丁貳口
6　男阡肆年貳拾捌歲　次男阡伍年貳拾伍歲
7　婦女壹口孫叁捌婭年陸拾歲
8　事産：
9　田地壹畝陸分
10　水田壹畝叁分　陸地叁分

[後闕]

葉四十四上

［ST—Z：2·44a·274］

［前闕］

1 男子壹口

2 成丁壹口吴伯陸年肆拾歲

3 事産：

4 田地貳畝伍分

5 水田貳畝 陸地伍分

6 瓦屋貳間

7 營生：養種

［ST—Z：2·44a·275］

1 一户施陸叁，元係湖州路德清縣金鵞鄉拾伍都苟累村叁保人氏，亡宋乙亥年前作民户附籍□

2 年正月内在本村隨衆歸附，見於本保住坐應當民役

3 計家：親屬壹口

4 男子壹口
5 成丁壹口施陸叁年肆拾捌歲
6 事産：
7 田地貳畝柒分伍厘
8 水田貳畝　陸地柒分伍厘
9 瓦屋壹間半
10 營生：養種

〔**ST—Z：2·44b·276**〕

1 一户吴伯貳，元係湖州路德清縣金鵞鄉拾伍都苟累村叁保人氏，亡宋乙亥年前作民户附籍於至□
2 在本村隨衆歸附，見於本保住坐應當民役
3 計家：親屬壹口
〔後闕〕

葉四十五上

[ST—Z：2・45a・277]

[前闕]

1 田地蕩捌畝陸分伍厘

2 水田貳(四)[一]畝柒分伍厘　　陸地玖分

3 蕩叁畝

4 瓦屋壹間半

5 農船壹隻

6 營生：養種，佃田，帶種本縣等慈寺田伍畝伍分

[ST—Z：2・45a・278]

1 一户楊捌肆，元係湖州路德清縣金鵝鄉拾伍都伍保人氏，亡宋乙亥年前作民户附籍，至元十三年□

2 　村隨衆歸附，見於本保住坐應當民役

3 計家：親屬叁口

4 　男子成丁壹口楊捌肆年肆拾壹歲

5 　婦女貳口

6 　　母阮□壹娘年陸拾伍歲　　女壽娘年壹拾叁歲

7 事産：

8 　田地叁畝伍分

9 　　水田貳畝伍分　　陸地壹畝

[一] 貳　原文「貳」字右側有墨書「四」字，經核算，水田、陸地、蕩畝數相加與總數不符，若改「貳」爲「四」，則契合。

10 瓦屋貳間
11 小船壹隻
12 營生：養種，佃田

[ST—Z：2・45b・279]

1 一户俞捌伍，元係湖州路德清縣金鵝鄉拾伍都伍保人氏，亡宋乙亥年前作民户附籍，至元十三年分在□
2 衆歸附，見於本保住坐應當民役
3 計家：親属伍口
4 男子肆口
5 成丁壹口俞捌伍年叁拾捌歲
6 不成丁叁口
7 男大孫年壹拾歲　男阿李年陸歲
8 男阿叄年貳歲
9 婦女壹口妻滕叄肆娘年叁拾叁歲
10 事産：
11 陸地柒分伍厘

[後闕]

葉四十六上

［ST—Z : 2 • 46a • 280］

［前闕］

1 計家：親屬男子成丁壹口王小貳年肆拾伍歲

2 事産：

3 陸地貳分　　瓦屋壹間

4 船壹隻

5 營生：養種，帶種林平鎮明因寺田陸畝

［ST—Z : 2 • 46a • 281］

1 一户沈捌，元係湖州路德清縣金鵝鄉拾肆都下管北塔村拾保人氏，亡宋乙亥年前作民户附籍，至元十三年□

2 本村歸附，見於本保住坐應當民役

3 計家：親屬男子成丁壹口沈捌年伍拾壹歲

4 事産：

5 田地壹畝柒分伍厘

6 水田壹畝伍分　　陸地貳分伍厘

7 瓦屋壹間壹厦

8 營生：養種，佃田

［ST—Z : 2 • 46a • 282］

1 一户周阿拾，元係湖州路德清縣金鵝鄉拾肆都周莊村拾保人氏，亡宋乙亥年前作民户附籍，至元□

2 正月内本村歸附，見於本保住坐應當民役

3 計家：親屬男子成丁壹口周阿拾年伍拾壹歲

葉四十六下

事産：
田地蕩肆畝陸分
水田伍分　　陸地陸分
水蕩叁畝伍分
瓦屋壹間　　船壹隻
營生：養種

[ST—Z：2・46b・283]

一户周拾壹，元係湖州路德清縣金鵝鄉拾肆都北塔村拾保人氏，亡宋乙亥年前作民户附籍，至□
正月内本村歸附，見於本保住坐應當民役

［後闕］

葉四十七上

[ST—Z：2・47a・284]

八廿六

一户周捌壹，元係湖州路德清縣金雞鄉拾肆都下管周莊村拾保人氏，亡宋乙亥年前作民户附□
至元十三年正月内在本村歸附，見於本保住坐應當民□
計家：親屬伍口
男子叁口
成丁貳口
周捌壹年伍拾伍歲　　男伍壹年叁拾伍歲
不成丁壹口孫婆孫年肆歲
婦女貳口
妻胡貳拾娘年伍拾柒歲　　兒婦胡拾壹娘年貳□
事産：
田地陸畝捌分叁厘
水田伍畝貳分伍厘　　陸地壹畝伍分捌厘
瓦屋壹間壹舍　　小船壹隻
營生：佃田

[ST—Z：2・47a・285]

九廿七

一户范阿叁，元係湖州路德清縣金雞鄉拾肆都下管周莊村拾保人氏，亡宋乙□□前作民户附籍，至□
正月内在本村歸附，見於本保住坐應當民役

3 計家：親屬叁口
4 男子貳口
5 成丁壹口范阿叁年伍拾玖歲
6 不成丁壹口男阿保年陸歲
7 婦女壹口妻周捌娘年叁拾玖歲
8 事産：
9 水田肆畝伍分　瓦屋壹間壹厦
10 營生：佃田，養種

［ST—Z：2·47b·286］

卌□八

1 一户周阿拾，元係湖州路德清縣金鵝鄉拾肆都下管周莊村拾保人氏，亡宋乙亥年前作民户附籍，至□
2 正月内在本村住坐應當民役
3 計家：親屬伍口
4 男子貳口
5 成丁壹口周阿拾年叁拾貳歲
6 不成丁壹口男觀壽年肆歲

［後闕］

葉四十八上

[ST—Z：2・48a・287]

[前闕]

1 事産：

2 水田伍畝　瓦屋壹間

3 營生：養種，佃田

[ST—Z：2・48a・288]

八十六

1 一户時阿拾壹，元係湖州路德清縣金䧑鄉拾肆都下管松溪村人氏，亡宋乙亥年前作民户附籍，至元十三[年]□

2 內在本村歸附，見於本保住坐應當民役

3 計家：親屬男子成丁壹口時阿拾壹年叁拾伍歲

4 事産：

5 陸地貳分肆厘　草屋壹間半

6 營生：養種，帶種本縣沈道判田壹拾畝

[ST—Z：2・48a・289]

九十七

1 一户范叁柒，元係湖州路德清縣金䧑鄉拾肆都下管周莊村玖保人氏，亡宋乙亥年前作民户附籍，至元十三□

2 內在本村歸附，見於本保住坐應當民役

3 計家：親屬男子成丁壹口范叁柒年肆拾歲

4 事産：

5 田地貳畝肆分伍厘

6 水田貳畝貳分伍厘　陸地貳分

7 瓦屋壹間

8 營生：養種，佃田

〔ST—Z：2·48b·290〕

十十八

1 一户范拾肆，元係湖州路德清縣金雞鄉拾肆都下管周莊村玖保人氏，亡宋乙亥年前作民户附籍，至元□

2 月内在本村歸附，見於本保住坐應當民役

3 計家：親属男子成丁壹口范拾肆年伍拾壹歲

4 事産：

5 田地捌畝柒厘

6 水田陸畝柒分伍厘 陸地壹畝叁分貳厘

7 瓦屋壹間 小船壹隻

8 營生：養種

〔ST—Z：2·48b·291〕

十十十九

1 一户范柒叁娙户下范玖貳，元係湖州路德清縣金雞鄉拾肆都下管周莊村人氏，亡宋乙亥年前作□

2 至元十三年正月内在本村歸附，見於本村住坐應當民役

3 計家：親属男子成丁壹口范玖貳年貳拾叁歲

4 事産：

〔後闕〕

葉四十九上〔一〕

[ST—Z：2・49a・292]〔二〕

[前闕]

1 男子不成丁壹口男阿叁年叁歲
2 婦女叁口
3 胡捌娘年捌拾肆歲　女叁娘年伍拾捌歲
4 女伍娘年叁拾歲
5 事産：
6 田地肆畝
7 水田叁畝伍分　陸地伍分
8 瓦屋壹間半貳舍
9 營生：養種

[ST—Z：2・49a・293]

五七

1 一户王柒〔三〕，元係湖州路德清縣金雞拾肆都下管〔四〕松溪村人氏，亡宋乙亥年前作民户附籍，至元十三年正月内在本村□
2 見於本村〔五〕住坐應當民役
3 計家：親屬男子不成丁壹口王柒年陸拾肆歲
4 事産：
5 陸地壹分　草屋壹間
6 營生：手趁

葉四十九下

〔一〕該葉與册四葉十九内容基本相同，爲重複葉。
〔二〕該户與册四葉十九第一户内容完全一致，爲同一户。
〔三〕該户與册四葉十九「王柒」户爲同一户。
〔四〕下管　册四重複户無此二字。
〔五〕本村　册四重複户作「本保」。

[ST—Z : 2 · 49b · 294]

十八

一户胡陸〔一〕，元係湖州路德清縣金鵝鄉拾肆都下管〔二〕松溪村人氏，亡宋乙亥年前作民户附籍，至元十三年正月内在本□

附，見於本村〔三〕住坐應當民役

計家：親屬男子不成丁壹口胡陸年陸拾伍歲

事産：

水田伍畝伍分　　瓦屋壹間半

營生：養種，佃田

[ST—Z : 2 · 49b · 295]

十九

一户胡貳拾壹〔四〕，元係湖州路德清縣金鵝鄉拾肆都下管〔五〕松溪村人氏，亡宋乙亥年前作民户附籍，至元十三年正□

本村歸附，見於本村〔六〕住坐應當民役

計家：親屬男子不成丁壹口胡貳拾壹年陸拾陸歲

事産：

水田肆畝　　瓦屋壹間壹厦

營生：養種

[ST—Z : 2 · 49b · 296]

二十

一户沈叁伍，元係湖州路德清縣金鵝鄉拾肆都下管松溪村人氏，亡宋乙亥年前作民户附籍，至元十三年正月内□

歸附，見於本村日趁爲生住坐應當民役

[後闕]

〔一〕該户與册四葉十九「胡陸」户爲同一户。
〔二〕下管　册四重複户無此二字。
〔三〕本村　册四重複户作「本保」。
〔四〕該户與册四葉十九「胡貳拾壹」户爲同一户。
〔五〕下管　册四重複户無此二字。
〔六〕本村　册四重複户作「本保」。

葉五十上

[ST—Z：2·50a·297]

［前闕］
典雇身人壹口
男子成丁壹口楊□壹年叁拾貳歲
事産：
田地蕩叁頃柒拾壹畝
水田貳頃柒拾叁畝伍分　陸地伍畝
蕩玖拾貳畝伍分
瓦屋壹拾肆間　船叁隻
營生：養種

[ST—Z：2·50a·298]

除訖

一户宋肆伍，元係湖州路德清縣金鵝鄉拾肆都下管徐莊村柒保人氏，亡宋乙亥年前民户附籍，至元十□
歸附，見在本保住坐應當民役
計家：親屬捌口
男子伍口

18　17　16　15　14　13　12　11　10　9　8　7　6　5

成丁叁口

宋肆伍年伍拾肆歲　　弟陸捌年伍拾壹歲

女夫朱阿拾壹年貳拾捌歲

不成丁貳口

男李保年壹拾壹歲　　伴舅年陸歲

婦女叁口

妻曹阡柒娘年肆拾陸歲　　女宋阡貳娘年貳拾肆歲

女伴妹年捌歲

事産：

田地蕩貳拾伍畝

水田壹拾肆畝　　陸地伍畝貳分伍厘

蕩伍畝柒分伍厘

瓦屋肆間貳厦

營生：養種，帶種杭州萬壽寺田壹拾柒畝捌分玖厘、蕩叁畝伍分

葉五十一上〔一〕

[ST—Z：2・51a・299]〔二〕

［前闕］

1 徐叁貳年陸拾壹歲　男阿伴年壹拾歲
2 孫男伴孫年壹歲
3 婦女貳口
4 妻姜伯貳娘年肆拾柒歲　男婦沈□貳娘年貳[拾]□
5 事産：
6 田地肆畝陸分伍厘
7 水田肆畝伍分　陸地壹分伍厘
8 瓦屋壹間壹舍
9 營生：養種，帶種本縣十三都唯阜院田貳畝

[ST—Z：2・51a・300]〔三〕

1 一户張萬伍，元係湖州路德清縣金鵝鄉拾肆都下管徐莊村捌保人氏，亡宋乙亥年前作民户附籍，至元□
2 衆歸附，見於本保住坐應當民役
3 計家：親属貳口
4 男子成丁壹口張萬年貳拾伍歲
5 婦女壹口母沈氏拾叁娘年陸拾歲
6 事産：
7 水田貳畝陸分貳厘
8 營生：養種，帶種杭州徑山寺田壹畝

〔一〕該葉與册三葉四内容基本一致，爲重複葉；與同册葉五十七部分重複。
〔二〕據第一行可知該户爲「徐叁貳」户，與同册葉五十七「徐叁貳」户、册三葉四「徐叁貳」户爲同一户。
〔三〕該户與册三葉四第二户應爲同一户。

〔ST—Z：2・51a・301〕

1 一户徐玖貳〔一〕，元係湖州路德清縣金䳌鄉拾肆都下管徐莊村捌保人氏，亡宋乙亥年前作民户附籍，至元□

2 歸附，見在本保住坐應當民役

3 計家：親属肆口

4 男子貳口

5 成丁壹口徐玖貳年叁拾玖歲

6 不成丁壹口男添保年壹拾肆歲

7 婦女貳口

8 妻范貳娘年肆拾歲　媳婦范伯壹娘年壹拾玖□

9 事産：

10 田地捌畝柒分陸厘

11 水田柒畝伍分　陸地壹畝貳分陸厘

12 瓦屋壹間半壹厦　船壹隻

13 營生：養種，帶種杭州萬壽寺田貳畝伍分

〔ST—Z：2・51b・302〕

1 一户朱肆壹，元係湖州路德清縣金䳌鄉拾肆都下管徐莊村捌保人氏，亡宋乙亥年前作民户附籍，至元十三年□

2 見於本保住坐應當民役

3 計家：親属伍口

4 男子叁口

〔後闕〕

〔一〕該户與册三葉四「徐玖貳」户爲同一户。

葉五十二上

［ST—Z：2・52a・303］

1 一户姚阡肆，元係湖州路德清縣北界人氏，亡宋乙亥年前作民户附籍，至元十三年正月内在本縣歸附，見於□

2 坐應當民役

3 計家：親屬貳口

4 男子貳口

5 成丁壹口本身姚阡肆年叁拾伍歲

6 不成丁壹口男姚阿長年肆歲

7 事産：無，賃房住坐

8 營生：賣豆腐

［ST—Z：2・52a・304］

1 一户姚萬壹，元係湖州路德清縣北界人氏，亡宋乙亥年前作民户附籍，至元十三年正月内在本縣隨衆歸附，見□

2 住坐應當民役

3 計家：親屬貳口

4 男子成丁壹口本身姚萬壹年叁拾叁歲

5 婦女壹口妻黄阡叁娘年貳拾陸歲

6 事產：無，賃房住坐
7 營生：手趁

［ST—Z：2・52b・305］

1 一户茅阡貳，元係湖州路德清縣北界人氏，亡宋乙亥年前作民户附籍，至元十三年正月内在本縣歸附，見於□
2 住坐應當民役
3 計家：捌口
4 親屬柒口
5 男子伍口
6 成丁本身茅阡貳年伍拾壹歲
7 不成丁肆口
8 男劉保年玖歲　男双鼎年柒歲
9 男伴双年肆歲　男関鼎年壹歲
10 婦女貳口
11 妻沈貳娘年肆拾柒歲　女安女年壹拾叁歲
12 典雇身人婦女壹口阿喜年貳拾叁歲，係十五都桑育村徐千十女

［後闕］

［ST—Z：2・53a・306］

［前闕］

1 孫男聖壽年肆歲　孫男聖孫年貳歲
2 婦女貳口
3 兒婦戴叁娘年肆拾叁歲　孫女聖女年壹歲
4 事産：
5 陸地壹畝伍分　瓦屋貳間壹步
6 營生：養種

［ST—Z：2・53a・307］

1 一户沈伯壹，元係湖州路德清縣北界人氏，亡宋乙亥年前作民户附籍，至元十三年正月内在本縣□
2 附，見在本界住坐應當民役
3 計家：親属伍口
4 男子肆口
5 成丁叁口
6 本身沈伯壹年伍拾叁歲　弟阡肆年伍拾歲
7 男阿夃年壹拾玖歲
8 不成丁壹口男婆壽年壹拾肆歲

9 婦女壹口妻侯氏年陸拾歲
10 事産：
11 瓦屋肆間　陸地叁分叁厘伍毫
12 營生：手趁

[ST—Z：2・53b・308]

1 一户賴捌貳，元係湖州路德清縣北界人氏，亡宋乙亥年前作民户附籍，至元十三年正月内在□
2 衆歸附，見於本界住坐應當民役
3 計家：親屬柒口
4 男子成丁叁口
5 本身賴捌貳年伍拾伍歲　男賴玖貳年貳拾歲
6 次男賴玖叁年壹拾捌歲
7 婦女肆口
8 妻楊陸娘年肆拾柒歲　女阿奴年壹拾叁歲
9 次女閏奴年壹拾歲　次女足奴年陸歲
10 事産：無，賃房住坐
11 營生：雜趁

葉五十四上

[ST—Z：2·54a·309]

［前闕］

婦女貳口
妻宋伯壹娘年伍拾壹歲　女葛貳娘年壹拾玖歲
事産：
陸地壹畝捌分柒厘　瓦屋貳間壹步
營生：手趁

[ST—Z：2·54a·310]

一户朱伯陸，元係湖州路德清縣北界人氏，亡宋乙亥年前作民户附籍，至元十三年正月内在本□
衆歸附，見於本界住坐即目應當民役
計家：親屬柒〔一〕口
男子叁〔二〕口
成丁壹口男阡叁年貳拾玖歲
不成丁貳口
本身朱伯陸年陸拾叁歲　小男師保年玖歲
婦女肆口
妻沈伍娘年伍拾玖歲　媳婦宋壹娘年貳拾肆□
女関娘年壹拾陸歲　孫女阿□年叁歲

〔一〕柒　「柒」字墨色較深。
〔二〕叁　「叁」字墨色較深。

11　事産：
12　田地山陸畝肆分肆厘壹毫
13　水田叁畝伍分　陸地貳畝伍分肆厘壹毫
14　山肆分
15　瓦屋貳間
16　營生：雜趁

［ST—Z：2・54b・311］

1　一户朱伯捌，元係湖州路德清縣北界人氏，亡宋乙亥年前作民户附籍，至元十三年正月内在□
2　衆歸附，見在本界住坐應當民役
3　計家：親属叁口
4　男子成丁貳口
5　本身朱伯捌年肆拾玖歲　男再壹年壹拾捌歲
6　婦女壹口男婦聞肆娘年貳拾歲
7　事産：
8　陸地伍分　賃房住坐

［後闕］

葉五十五上

[ST—Z：2·55a·312]

[前闕]

男子成丁壹口沈阡貳年伍拾歲
婦女壹口妻沈氏捌娘年肆拾伍歲
事産：賃房住坐
營生：雜趁

[ST—Z：2·55a·313]

一户陳伯叁，元係湖州路德清縣北界人氏，亡宋乙亥年前作民户附籍，至元十三年正月内在本縣□
附，見於本界住坐應當民役
計家：親屬玖口
男子陸口
成丁壹口男阡肆年叁拾伍歲
不成丁伍口
陳伯叁年柒拾歲　孫男大孫年壹拾壹歲
孫男小孫年玖歲　孫男阿弟年叁歲
孫男小弟年壹歲
婦女叁口
妻顧貳娘年叁拾陸歲　孫女阿妹年□歲

12 孫女小妹年肆歲
13 事產：
14 陸地壹畝壹分柒厘　瓦屋伍間
15 營生：雜趁

［ST—Z：2・55b・314］

1 一户王阡叁，元係湖州路武康縣人氏，亡宋乙亥年前作民户附籍，至元十三年正月内在德清縣北□
2 本縣隨衆歸附，見於本界住坐應當民役
3 計家：親屬肆口
4 男子貳口
5 成丁壹口王阡叁年伍拾壹歲
6 不成丁壹口男阿聖年壹拾壹歲
7 婦女貳口
8 妻沈叁捌娘年肆拾柒歲　女阿住年伍歲
9 事產：
10 陸地壹分　瓦屋壹間
11 營生：賣糕

葉五十六上

[ST—Z：2・56a・315]

［前闕］

1 男子肆口

2 成丁叁口

3 男萬壹年肆拾玖歲　婿潘叁年叁拾貳歲

4 孫阿鼎年壹拾柒歲

5 不成丁壹口

6 忻伯柒年柒拾捌歲

7 婦女貳口

8 女忻氏肆娘年叁拾伍歲　女阿奴年貳拾歲

9 事産：無，賃房住坐

10 營生：手趁

[ST—Z：2・56a・316]

1 一户潘阡拾，元係湖州路德清縣北界台鼎坊人氏，亡宋乙亥年前作民户附籍，至元十三年正月内在本縣□

2 於本界住坐應當民役

3 計家：親属叁口

4 男子貳口

5 成丁壹口潘阡拾年叁拾叁歲

6 不成丁壹口男劉保年叁歲
7 婦女壹口
8 妻馮氏年貳拾柒歲
9 事産：
10 田地山貳拾壹畝貳分伍厘
11 水田貳拾畝　陸地柒分伍厘
12 山伍分
13 瓦屋壹間壹步
14 營生：手趁

［ST—Z：2・56b・317］

1 一户周憙，元係嘉興路海鹽縣人氏，亡宋乙亥年前作民户附籍，至元十三年正月内於本處歸附，至□
2 貳月搬移前來湖州路德清縣地界台鼎坊住坐應□
3 計家：親屬伍口
4 男子叁口
5 成丁壹口周喜年伍拾貳歲

［後闕］

葉五十七上〔一〕

〔前闕〕

1 徐叁貳年陸拾壹歲〔二〕　男阿伴年壹拾歲
2 孫男伴孫年壹歲
3 婦女貳口
4 妻姜伯貳娘年肆拾柒歲　男婦沈伯貳娘年貳拾伍歲
5 事産：
6 田地肆畝陸分伍厘
7 水田肆畝伍分　陸地壹分伍厘
8 瓦屋壹間壹舍
9 營生：養種，帶佃本縣十三都唯皇院田貳畝

〔ST—Z : 2 · 57a · 318〕

1 一户朱陸叁，元係湖州路德清縣金雞鄉拾肆都徐莊村捌保人氏，亡宋乙亥年作民户附籍，至元十三年正□
2 住坐應當民役
3 計家：親属男子成丁壹口朱陸叁年叁拾歲
4 事産：
5 地蕩陸畝壹分
6 陸地壹分　水蕩陸畝

〔一〕該葉與同册葉五十一、册三葉四（此二葉爲完全重複葉）部分重複。
〔二〕據該行可知爲「徐叁貳」户，與册二葉五十一「徐叁貳」户、册三葉四「徐叁貳」户爲同一户。

葉五十七下

7 瓦屋壹間

8 □□養種

葉五十八上

［ST—Z：2・58a・319］

［前闕］

男子叁口
成丁貳口
蔡拾貳年伍拾柒歲　　弟拾叁年肆拾柒歲
不成丁壹口
姪阿尟年壹拾肆歲
婦女叁口
弟婦沈拾娘年肆拾柒歲　　姪女蔡玖娘年叁歲
姪女阿奴年壹歲
事産：
田地蕩壹拾畝柒分伍厘
水田陸畝伍分
水蕩叁畝

［後闕］

[ST—Z : 2 · 58b · 320]

［前闕］

1 計家：親属柒口

2 男子叁口

3 成丁貳口

4 蔡伯玖年伍拾貳歲　男阿肆年貳拾捌歲

5 不成丁壹口男觀安年陸歲

6 婦女肆口

7 妻沈叁玖娘年肆拾捌歲　兒婦沈捌娘年貳拾柒歲

8 女捌娜年壹拾貳歲　女伴姑年壹歲

9 事産：

10 田地蕩玖畝伍分

11 水田伍畝伍分　陸地壹畝

12 水蕩叁畝

13 瓦屋貳間壹舍　船壹隻

［後闕］

册三　上聲第三

葉一上

［ST—Z：3·1a·321］

［前闕］

1 不成丁貳口

2 男佛保年玖歲　男伴哥年叁歲

3 □□貳口

4 妻沈拾壹娘年叁拾歲　女伴娘年壹歲

［中闕］

5 船壹隻

［後闕］

［ST—Z：3·1a·322］

1 捌保人氏，亡宋乙亥年前民户附籍，至

2 歸□，見於本保住坐應當民役

［中闕］

3 女囬奴年叁歲

4 ［中闕］[ ]草屋壹間壹厦

［後闕］

［ST—Z：3·1b·323］

1 [ ]捌保人氏，亡宋乙亥年前民户附籍，至元[ ]

2 [ ]本□歸附，見於本保住坐應當民役

3 [ ]

4 男子叁口

5 成丁壹口[ ]年肆拾歲

6 不成丁貳口

7 男阿添年玖歲　男伴哥年陸歲

8 □□壹口妻徐肆娘年叁拾捌歲

9 事産：

10 田[ ]畝伍分

11 水田壹畝　蕩壹畝伍分

12 瓦屋壹間壹舍　船壹隻

［後闕］

葉二上

〔ST—Z：3・2a・324〕

〔前闕〕

1 不成丁叁口

2 陳伯肆年陸拾陸歲　孫男小多年捌歲

3 孫男牙兒年壹歲

4 婦女叁口

5 兒婦忻叁娘年肆拾伍歲　孫婦范陸拾壹娘年壹拾玖歲

6 孫女□女年叁歲

〔中闕〕

7 □陸地壹畝捌分

〔中闕〕

8 □草屋壹間

〔中闕〕

9 □地伍分

〔ST—Z：3・2a・325〕

1 □附籍，至元十三年正月内於本□

[中闕]

2 孫男多児年玖歳

3 □婦沈伯□□年肆拾肆歳

4 事産：

5 田地伍畝伍分

6 水田伍畝貳分伍厘　陸地貳分伍厘

7 瓦屋壹間壹厦

8 營生：養種，帶種杭州路竹覺寺田貳畝柒分伍厘

[ST—Z : 3 · 2b · 326]

1 一户周叁柒，元係湖州路德清縣金鵝鄉拾肆都周莊村拾保人氏，亡宋乙亥年前作民户附籍，至元十三年正□

2 本村隨衆歸附，見於本保住坐應當民役

[後闕]

葉三上

［ST—Z：3・3a・327］

［前闕］

1 事産：

2 田蕩肆畝貳分伍厘

3 水田貳畝伍分 蕩貳畝

4 瓦屋壹間壹舍

5 營生：養種

［ST—Z：3・3a・328］

1 □清縣金攤鄉拾肆都松溪村人氏，亡宋乙亥年前作民户附籍，至元十三年正月内於本村□

2 □本保住坐應當民役

［中闕］

3 □ 弟小叁年陸拾柒歲

［中闕］

4 □瓦屋壹間半

［後闕］

［ST—Z：3・3b・329］

1 □年前作民户附籍，至元十三年正月内□

2 □住坐應當民役

［中闕］

3 男子不成丁貳口

4 胡伯肆年陸拾壹歲　男阿李年陸歲

5 婦女壹口妻□伍娘年伍拾柒歲

6 事産：

7 水田叁畝貳分伍厘　草屋壹間

8 營生：養種，佃田

［ST—Z：3・3b・330］

1 一户胡小拾，元係湖州路德清縣金雞鄉拾肆都松溪村人氏，亡宋乙亥年前作民户附籍，至元十三年正月□

［後闕］

葉四上〔一〕

〔前闕〕

徐叁貳年陸拾壹歲〔二〕　男阿伴年壹拾歲
孫男伴孫年壹歲
婦女貳口
妻姜伯貳娘年肆拾柒歲　男婦沈伯貳娘年貳拾伍歲
事産：
田地肆畝陸分伍厘
水田肆畝伍分　陸地壹分伍厘
瓦屋壹間壹舍
營生：養□院田貳畝

□莊村捌保人氏〔三〕，亡宋乙亥年前民户附籍，至元十□
□附，見於本保住坐應當民役

〔中闕〕

〔一〕該葉文字大多漫漶，現存文字與册二葉五十一基本一致，如本葉第一户「徐叁貳」、最後一户「徐玖貳」明確與册二葉五十一相關記載在内容和位置方面皆高度一致，故兩葉當爲重複葉。且該葉與册二葉五十七部分内容重複。

〔二〕該户爲「徐叁貳」户，與册二葉五十一「徐叁貳」户、葉五十七「徐叁貳」户内容基本重複，故三處爲同一户。

〔三〕該户前爲「徐叁貳」户，後爲「徐玖貳」户，皆與册二葉五十一中兩户重複，又兩葉爲重複葉，據此推斷該户與册二葉五十一「張萬伍」户應爲同一户。

葉四下〔一〕

3 [中闕]□瓦屋壹間〔二〕

[後闕]

1 □徐莊村捌保人氏〔三〕，亡宋乙亥年前民户附籍，至□

2 □內在本村歸附，見於本保住坐應當民役

3 計家：親屬肆□

4 男子貳口

5 成丁壹口徐玖貳年叁拾玖歲

6 不成丁壹口男添保年壹拾肆歲

7 婦女貳口

8 妻范貳娘年肆拾歲　媳婦范伯壹娘年壹拾□

9 事産：

10 田地捌畝柒分陸厘

11 水田柒畝伍分　陸地壹畝貳分陸厘

12 瓦屋壹間半壹厦　船壹隻

[後闕]

〔一〕葉四下有一道墨筆劃痕。

〔二〕瓦屋壹間　此四字爲册二重複户所無。

〔三〕據該户第五行可知爲「徐玖貳」户，與册二葉五十一「徐玖貳」户爲同一户。

葉五上

[ST—Z：3・5a・331]

一户徐肆叁，元係湖州路德清縣金雞鄉拾肆都徐莊村柒保人氏，亡宋乙亥年作民户附籍，至元十三年□
附，見於本村住坐應當民役
退低
計家：親屬陸口
男子叁口
成丁貳口
□叁年肆拾伍歲
□年壹拾伍歲
[中闕]

8 妻姚肆捌娘年肆拾壹歲

［中闕］

9 事産：

10 房舍

11 瓦屋壹間半

12 陸地叁分柒厘

13 營生：佃田

葉六上

［ST—Z：3・6a・332］

［前闕］

1 婦女壹口

2 妻沈陸娘年肆拾歲

3 事産：

4 瓦屋壹間

5 營生：佃田

［ST—Z：3・6a・333］

1 一户章柒拾貳，元係湖州路德清縣金雞鄉拾貳都櫟林村捌保人氏，亡宋乙亥年前作民户附籍▭

2 □於本村歸附，見於本保住坐應當民役

3 計家：親屬捌口

［中闕］

4 ▭叁拾壹歲

［中闕］

5 ▭　兒婦沈捌娘年叁拾貳歲

［後闕］

葉六下〔一〕

〔一〕葉六下未見字迹。

葉七上

[ST—Z:3·7a·334]

[前闕]

1 婦女壹口妻朱肆娘年伍拾歲

2 事産：

3 陸地貳畝　瓦屋壹間半

4 營生：養種，佃田

[ST—Z:3·7a·335]

1 一户姚伯拾壹姨，元係湖州路德清縣金鵝鄉拾叁都捌保中塔村人氏，亡宋乙亥年前作民户附籍，至元□

2 於本村隨衆歸附，見在本村住坐應當民役

3 計家：親屬柒口

4 男子成丁貳口

5 □年肆拾捌歲　男姚阡肆年叁拾柒歲

6 □

7 □拾壹姨年陸拾伍歲　兒婦沈肆娘年肆拾伍歲

8 兒婦沈□娘年叁拾陸歲　孫女阿奴年壹拾歲

9 □歲

[中闕]

［中闕］

10 □陸地壹畝捌分貳厘

［後闕］

［ST—Z：3・7b・336］

1 □叁都捌保中塔村人氏，亡宋乙亥年前作民户附籍，至元□

2 □於本村隨衆歸附，見在本村住坐應當民役

［中闕］

3 □貳年叁拾歲　男阡肆年貳拾捌歲

4 不成丁貳口

5 孫男阿回年伍歲　孫男回長年肆歲

6 婦女伍口

7 沈伯壹娙年伍拾叁歲　兒婦陳貳娘年叁拾歲

8 兒婦沈貳娘年貳拾玖歲　孫女阿女年貳歲

［後闕］

葉八上

[ST—Z：3・8a・337]

[前闕]

1 成丁壹口　屠伯肆年叁拾伍歲
2 不成丁貳口
3 叔陸阡叁年陸拾柒歲　男阿孫年壹拾歲
4 婦女肆口
5 母親沈伍娘年陸拾玖　妻沈玖娘年叁拾歲
6 女阿囲年壹拾貳歲　女阿歸年叁歲
7 事産：
8 陸地貳分伍厘　瓦屋貳間
9 營生：養種，佃田

[ST—Z：3・8a・338]

1 □係湖州路德清縣金鵝鄉拾叁都栗安村捌保人氏，亡宋乙亥年前作民户附籍，至元十三年□
2 本村隨衆歸附，見於本保住坐應當民役
3 計家：親属叁口
4 男子貳口

[中闕]

［中闕］

□　瓦屋壹間

營生：養種，帶種杭州路東塘崇興院田叁畝

［ST—Z：3・8b・339］

一户沈阡壹，元係湖州路德清縣金鵝鄉拾叁都栗安村捌保人氏，亡宋乙亥年前作民户附籍，至元十三年□

本村隨衆歸〔一〕，見於本保住坐應當民役

計家：親屬陸口

男子叁口

成丁壹口沈阡壹年伍拾貳歲

不成丁貳口

男觀壽年壹拾壹歲　男阿伴年伍歲

婦女叁口

母親張壹娘年柒拾貳歲　妻姚柒娘年肆拾玖歲

女阿添年叁歲

［後闕］

〔一〕隨衆歸　據行文慣例，「隨衆歸」後疑脱「附」字。

葉九上〔一〕

[ST—Z : 3 • 9a • 340]

〔前闕〕

1 女拾娘年叁歲

2 事産：

3 賃房住坐

4 營生：摏碓爲活

[ST—Z : 3 • 9a • 341]

1 一户曹阿拾，元係湖州路德清縣金鵝鄉拾伍都柒保王莊村人氏，亡宋乙亥年前作民户附籍，至元

2 正月内於本村隨衆歸附，後於至元二十五年分搬移前來

3 桑育村住坐應當民役

4 計家：親屬貳口

5 男子壹口

6 成丁壹口曹阿十年

7 婦女壹口妻

〔後闕〕

〔一〕葉九有横貫上下葉的一道墨筆劃痕。

[ST—Z：3・9b・342]

□亡宋乙亥年前作民户附籍，至□

□附，見於本保住坐應當民役

［中闕］

不成丁□年陸拾伍歲

婦女壹口兒婦朱叁貳娘年肆拾伍歲

事産：

瓦屋叁間

營生：佃田兼碓坊爲活，帶種三茅觀田伍畝

[ST—Z：3・9b・343]

一户王叁弌，元係湖州路德清縣金鵝鄉拾伍都柒保王莊村人氏，亡宋乙亥年前作民户附籍，至□

正月内於本村隨衆歸附，見於本保住坐應當民役

計家：親屬肆口

男子貳口

二

成丁壹口王叁叁伍拾伍歲

［後闕］

葉十上

［ST—Z：3·10a·344］

［前闕］

女小女年玖歲　女阿妹年叁歲

事産：

田地蕩叁畝陸分

水田壹畝貳分伍厘　陸地壹畝

蕩壹畝叁分伍厘

瓦屋壹間壹步　船壹隻

營生：養種，帶種本縣永寧鄉玖都龍村八聖寺勝監寺田壹畝玖分

［ST—Z：3·10a·345］

一户張拾叁，元係湖州路德清縣金雞鄉拾伍都藺村拾保人氏，亡宋乙亥年前作民户附籍，至元拾叁年正月内於□

隨衆歸附，見於本保住坐應當民役

計家：親屬肆口

男子貳口

成丁壹口□年壹拾陸歲

不成丁壹口□

婦女貳口

8 □　女柒娘年壹拾伍歲
9 事産：
10 田蕩貳畝
11 水田壹畝柒分伍厘　蕩□伍厘
12 瓦屋壹間壹步
13 營生：養種，帶種本□武康楊墳資□壹畝柒分伍厘，杭州路天慶觀田叁畝

［ST—Z：3·10b·346］

1 □叁，元係湖州路德清縣金鵝鄉拾伍都藺村拾保人氏，亡宋乙亥年前作民户附籍，至元拾叁年正月内□
2 衆歸附，見於本保住坐應當民役
3 計家：親屬肆口
4 男子貳口
5 成丁貳口
6 沈阡叁年肆拾伍歲　弟肆伍年肆拾歲
7 婦女貳口
8 妻姚拾壹娘年叁拾捌歲　女小奴年陸歲
9 事産：
［後闕］

［ST—Z：3・11a・347］

［前闕］

1 弟保兒年捌歲　弟李旺年伍歲

2 婦女肆口

3 母沈肆娘年肆拾歲　妹阿肆娘年壹拾陸歲

4 妹阿伍娘年壹拾貳歲　妹阿陸娘年叁歲

5 事産：

6 陸地陸分

7 瓦屋壹間半　船壹隻

8 營生：佃田

［ST—Z：3・11a・348］

1 一户羊伯柒，元係湖州路德清縣金鵝鄉拾伍都捌保桑育村人氏，亡宋乙亥年前民户附籍，至元□

2 正月内在本保隨衆歸附，見於本保住坐應當民役

［中闕］

成丁壹口羊□柒年肆拾肆歲

不成丁貳口

男大安年壹拾貳歲　　男觀保年叁歲

婦女貳口

妻丁壹娘年肆拾貳歲　　女阿壹娘年壹拾肆歲

事產：

田地玖畝玖分貳厘

水田捌畝伍分　　陸地壹畝肆分貳厘

瓦屋貳間壹步　　船壹隻

營生：養種，帶種杭州路福田宮姜知宮田捌畝

葉十二上

[ST—Z：3·12a·349]

[前闕]

於本□住坐應當民役
計家：親屬肆口
男子成丁壹口女夫姚伯叁年叁拾歲
婦女叁口
沈肆娌年伍拾歲　　女沈伍娘年貳拾伍歲
外生女陸娘年壹拾歲
事産：
田地伍畝陸分陸厘
水田伍畝　　陸地陸分陸厘
農船壹隻　　賃房住坐
營生：養種，帶種杭州路廣法寺田肆畝

[ST—Z：3·12a·350]

一户姚伯肆，元係湖州路德清縣金鵝鄉□保人氏，亡宋乙亥年前作民户附籍，至元拾叁年正月内於本村□
□住坐應當民役

[中闕]

［中闕］

3 男聖安年陸歲　　男阿伴年叁歲
4 婦女貳口
5 母沈拾陸娘年柒拾肆歲　　妻朱柒娘年肆拾伍歲
6 事産：
7 陸地壹畝玖分叁厘　　瓦屋壹間壹步
8 營生：養種，帶種本路武康縣拾都真覺院田柒畝伍厘

［ST—Z：3・12b・351］

1 一户沈拾肆，元係湖州路德清縣金鵝鄉拾伍都藺村拾保人氏，亡宋乙亥年前作民户附籍，至元拾叁年正月内於本村□
2 附，見於本保住坐應當民役
3 計家：親屬柒口
4 男子肆口
5 成丁貳口
6 男伯拾貳年□拾陸歲　　孫男伯拾肆年壹拾玖歲

［後闕］

葉十三上

［ST—Z : 3 • 13a • 352］

［前闕］

1 計家：親属叁口

2 男子貳口

3 成丁壹口孫男阿柒年貳拾捌歲

4 不成丁壹口莫捌年捌拾壹歲

5 婦女壹口妻沈肆伍娘年柒拾伍歲

6 事産：

7 田地壹畝肆分伍厘

8 水田壹畝貳分伍厘　陸地貳分

9 瓦屋壹間　船壹隻

10 營生：養種，捕□

［ST—Z : 3 • 13a • 353］

1 一户□年前作民户附籍，至元拾叁□村隨衆□

2 □民役

［中闕］

[中闕]

男阿小年叁歲

[中闕]

妻姚叁娘年□拾叁歲　女阿奴年壹拾壹歲

事産：

田地壹拾壹畝壹分

水田柒畝伍分　陸地叁畝陸分

瓦屋貳間

營生：養種

[ST—Z：3·13b·354]

一户姚伍貳，元係湖州路德清縣金攤鄉拾伍都藺村玖保人氏，亡宋乙亥年前作民户附籍，至元拾叁年正月内於本村隨□

附，見於本保住坐應當民役

計家：親屬貳口

男子壹口

成丁壹口姚伍貳年叁拾伍歲

[後闕]

葉十四上

［ST—Z：3·14a·355］

［前闕］
妻褚叁娘年叁拾玖歲　　女阿添年伍歲
事産：
草屋壹間
船壹隻
營生：手趁

［ST—Z：3·14a·356］

一户沈阿伍，元係湖州路德清縣金鵞鄉拾伍都苟累村伍保人氏，亡宋乙亥年前作民户附籍□
年正月内在本村隨衆歸附，見於本保賃房住坐□
計家：親屬柒口
男子叁口
成丁壹口沈阿伍年肆拾叁歲
□
□壹拾壹歲　　次男小李年陸歲
□

9 □叁歲　妻宋壹娘年叁拾玖歲
10 □捌歲　女阿叁年貳歲
11 事産：無
12 營生：養□杭州路中天竺寺田叁畝柒分伍厘，南山普寧寺□
13 洞霄宮田伍畝貳分伍厘

［ST—Z：3・14b・357］

1 一户沈伍壹，元係湖州路德清縣金鵞鄉拾伍都苟累村伍保人氏，亡宋乙亥年前作民户附籍於至□
2 内在本村隨衆歸附，見於本保住坐應當民役
3 計家：親屬叁口
4 男子貳口
5 成丁壹口男陸貳年壹拾玖歲
6 不成丁壹口沈伍壹年陸拾貳歲
7 婦女壹口妻沈叁娘年肆拾肆歲
8 事産：
9 □屋壹間
10 營生：養種，帶種田賦田陸畝伍分

［ST—Z：3・14b・358］

1 一户蔡伯肆，元係湖州路德清縣金鵞鄉拾伍都苟累村伍保人氏，亡宋乙亥年前作民户附籍於至元□
［後闕］

葉十五上

[ST—Z：3・15a・359]

［前闕］

1 成丁貳口

2 男沈肆貳年叁拾陸歲　　男沈肆叁年叁拾叁□

3 不成[一]壹口孫男沈貴貳年壹拾歲

4 婦女叁口

5 沈叁㛐年陸拾壹歲　　媳婦沈肆娘年壹拾捌□

6 女阿妹年壹拾貳歲

7 事産：

8 田地壹拾壹畝□分伍厘

9 □　陸地伍分伍厘

10 □　船壹隻

11 營□

[ST—Z：3・15a・360]

1 一户褚□亡宋乙亥年前作民户附籍，至元十三年□

2 □於本保住坐應當民役

［一］不成　據行文體例，「不成」後當脱「丁」字。

〔中闕〕

3 □年叁拾壹歲

〔中闕〕

4 □年陸拾捌歲　孫阿壽年壹拾叁歲

5 □

6 妻孫叁娘年陸拾歲　媳婦朱伍娘年貳拾捌□

7 孫女觀女年玖歲　孫女伴觀年陸歲

8 事産：

9 陸地貳畝叁分

10 瓦屋貳間　農船壹隻

11 營生：養種，佃田，帶種姚圎寺田叁畝，道場山寺田貳畝伍分

〔ST—Z：3・15b・361〕

1 一户褚叁柒，元係湖州路德清縣金雞鄉拾伍都叁保人氏，亡宋乙亥年前作民户附籍，至元十三年□

2 村隨衆歸附，見於本保住坐應當民役

3 計家：親属陸口

4 男子貳口

〔後闕〕

葉十六上

[ST—Z：3・16a・362]

[前闕]

1 事産：

2 陸地壹分貳厘

3 瓦屋壹間

4 營生：雜趁

[ST—Z：3・16a・363]

1 一户周伯拾，元係湖州路德清縣永和鄉十七都内河保人氏，亡宋乙亥年前作民户附籍，至元十三年正月内□

2 衆歸附，至元十四年九月内移在本縣□界住坐應當□

3 計家：親屬壹口

4 □成丁壹口周伯拾年□拾玖歲

5 事産：

[後闕]

[ST—Z：3・16a・364]

1 一户□民户附籍，至元十三年正月内在本縣隨□

2 □當民役

［中闕］

3 □伍拾叁歲

4 事産：

5 陸地壹□

6 瓦屋□間

7 營生：洗菉豆粉

［ST—Z：3·16b·365］

1 一户曹阿弟即萬捌，元係湖州路德清縣北界人氏，亡宋乙亥年前作民户附籍，至元十三年正月内□

2 衆歸附，見於本界住坐應當民役

3 計家：親屬壹口

4 男子成丁壹口曹阿弟即萬捌年貳拾肆歲

5 事産：

6 陸地壹分

7 瓦屋壹間

8 營生：雜趁

［ST—Z：3·16b·366］

1 一户胡阡貳，元係湖州路德清縣北界人氏，亡宋乙亥年前作民户附籍，至元十三年正月内在本縣歸□

［後闕］

葉十七上〔一〕

[ST—Z : 3・17a・367]

1 一户姚伯陸〔二〕，元係嘉興路崇德縣石門鄉人氏，亡宋乙亥年前作民户附籍，至元十三年□

2 衆歸附，至元二十二年移居湖州□德清縣金雞□

3 都下舍村玖保馮肆壹河岸船居

4 計家：親屬肆口

5 男子叁口

6 成丁壹口女夫沈阿叁年叁拾玖歲

7 不成丁貳口

8 姚伯陸年陸拾肆歲　　孫萬壹年玖歲

9 婦女壹口女姚柒娘年叁拾柒歲

10 事産：

11 水田陸畝伍分　　船壹隻

12 營生：守産，賣瓶罐

[ST—Z : 3・17b・368]〔三〕

1 一户姚拾□前民户附籍□

〔一〕該葉與同册葉十八、册四葉二十七均有大段内容重複，此三葉爲重複葉。

〔二〕該户與同册葉十八「姚伯陸」户、册四葉二十七「姚伯陸」户均爲同一户。

〔三〕據該户第七行可知爲「姚拾叁」户，與册四葉二十七「姚拾叁」户爲同一户。

附，至元二十二年移居見在湖州路德清縣金□

捌都下舍村玖保船居

計家：親屬陸口

男子貳口

成丁貳口

姚拾叁年伍拾叁歲　男阡玖年叁拾伍歲

婦女肆口

妻鐘叁貳娘年伍拾捌歲　兒婦沈叁娘年貳拾[伍]□

孫女阿朝年伍歲　孫女伴姐年貳歲

事産：船壹隻

營生：賣瓶罐

葉十八上〔一〕

一户姚伯陸〔二〕，元係嘉興路崇德縣石門鄉人氏，亡宋乙亥年前民户附籍，至元十三年本處歸[附]□
　　二年移居湖州路德清縣金鵝鄉拾捌都下舍□
　　壹河岸船居
計家：親属肆口
　　男子叁口
　　　成丁壹口女夫沈阿叁年叁拾玖歲
　　　不成丁貳口
　　　　姚伯陸年陸拾肆歲　　孫萬壹年玖歲
　　□娘年叁拾柒歲
事産：
　　□船壹隻
營□

〔一〕該葉與同册葉十七、册四葉二十七均爲重複葉。
〔二〕該户與同册葉十七「姚伯陸」户、册四葉二十七「姚伯陸」户均爲同一户。

[ST—Z：3・18b・369]〔一〕

1 □石門村〔二〕人氏，亡宋乙亥年前民户附籍，至元十三年□

2 見於湖州路德清縣金鵝鄉拾捌都下舍村玖□

[後闕]

〔一〕由於該葉與同册葉十七、册四葉二十七爲重複葉，該户有可能與同册葉十七和册四葉二十七共同的第二户「姚拾叁」户爲同一户，但考慮該户僅存户頭殘行二行，信息量不足佐證，故審慎起見將該户視作另一户，獨立編號。

〔二〕石門村　同葉「姚伯陸」户作「石門鄉」，崇德路有石門鄉，故疑此處「村」爲「鄉」之誤。

葉十九上

[ST—Z : 3 • 19a • 370]

[前闕]

1 水田叁畝　陸地壹畝貳分伍厘

2 瓦屋壹間壹步

3 營生：養種，帶種本路武康楊墳普照庵田肆畝，本縣本鄉本都半徑圓實庵[ ]

[ST—Z : 3 • 19a • 371]

1 一户沈阡捌，元係湖州路德清縣金鵝鄉拾伍都藺村玖保人氏，亡宋乙亥年前作民户附籍，至元拾叁年正月内[ ]

2 衆歸附，見於本保住坐應當民役

3 計家：親屬伍口

4 男子成丁叁口

5 沈阡捌年叁拾陸歲　弟阡玖年叁拾叁歲

6 男阡拾年貳拾壹歲

7 婦女貳口

8 兒婦周壹娘年壹拾玖歲　妹多娜年壹拾柒歲

9 事産：

[中闕]

10 [ ] 陸地柒分伍厘

11 [ ] 船壹隻

12 □□□叁畝柒分伍厘　本縣本鄉本都半徑圓實庵□

［ST—Z：3·19b·373］

1 一户沈阿叁，元係湖州路□□村玖保人氏，亡宋乙亥年前作民户附籍，至元拾叁年正□

2 衆歸附，見於本保住坐應當民役

3 計家：親属男子□

4 成丁貳口

5 沈阿叁年肆拾伍歲　弟阿柒年叁拾伍歲

6 不成丁壹口男伯貳年壹拾肆歲

7 事産：

8 田地壹畝伍分

9 水田柒分伍厘　陸地柒分伍厘

10 瓦屋壹間壹步　船壹隻

11 營生：養種，帶種杭州路錢塘縣楊墳普照庵田貳拾畝

葉二十上〔一〕

[ST—Z：3・20a・374]

〔前闕〕

母羊拾壹娘年陸拾壹歲　姐姚貳娘年叁拾柒歲

阿蚕年壹拾壹歲　妻沈肆娘年貳拾歲

事産：

陸地壹畝貳分壹厘　瓦屋壹間半壹厦

營生：養種，帶佃武康縣下栢圓鏡庵田貳畝伍分

[ST—Z：3・20a・375]

一户蔡伯肆，元係湖州路德清縣金雞鄉拾捌都下舍村拾壹保人氏亡宋乙亥年前作民户附□

三年正月内於本村隨衆歸附見於本保住坐應當□

計家：親属叁口

男子貳口

成丁壹口蔡伯肆年肆拾貳歲

不成丁壹口男蔡伯柒年壹拾□歲

婦女壹口□柒娘年陸拾陸歲

事産：

□　瓦屋壹間半

〔後闕〕

〔一〕該葉與同册葉六十四應爲連續葉，且該葉在前，判斷依據詳後。

[ST—Z：3・20b・376]

1 一户沈[ ]都下舍村拾壹保人氏，亡宋乙亥年前作民户附籍[ ]
2 正月内於本村隨衆歸附，見於本保住坐應當民役
3 計家：親屬伍口
4 男子叁口
5 成丁壹口沈阡柒年肆拾貳歲
6 不成丁貳口
7 男阿伴年玖歲　男小伴年叁歲
8 婦女貳口
9 妻沈貳娘年叁拾壹歲　女阿小年柒歲
10 事産：
11 陸地壹畝伍厘　瓦屋貳間
12 營生：養種，佃田

[ST—Z：3・20b・377]

1 一户胡陸[貳]〔一〕，元係湖州路德清縣金鵝鄉拾捌都下舍村拾壹保人氏，亡宋乙亥年前作民户附[ ]
伞
2 年正月内於本村隨衆歸附，見於本保住坐應當民[役]

〔一〕該户爲「胡陸貳」户，與同册葉六十四「胡陸貳」户應爲同一户，且後者内容當是本户缺失下半部分，推斷過程詳葉六十四録文。

[ST—Z：3・21a・378]

［前闕］
婦女肆口
妻姚伍娘年肆拾伍歲　女阡貳娘年貳拾壹歲
女伴姐年柒歲　女多娜年叁歲
事産：
水田叁畝貳分伍厘　瓦屋貳間半
農船壹隻
營生：養種，佃田

[ST—Z：3・21a・379]

一户沈柒壹，元係湖州路德清縣金稚鄉拾捌都下舍村拾壹保人氏，亡宋乙亥年前作民户附籍，至元□
內於本村隨衆歸附，見於本保住坐應當民役
計家：親屬肆口
男子成丁貳口
沈柒壹年肆拾玖歲　男沈柒肆年壹拾捌歲
婦女貳口
兒婦何叁娘年壹拾捌歲　孫女小尛□年壹歲

8 事産：瓦屋壹□

9 營生：佃種佃人田四畒

［ST—Z：3・21b・380］

1 一户陸叁伍，元係湖州路德清縣金□□□捌都下舍村拾壹保人氏，亡宋乙亥年前作民户附籍□

2 正月内於本村隨衆歸附，見於本保住坐應當民役

3 計家：親屬柒口

4 男子肆口

5 成丁貳口

6 陸叁伍年肆拾柒歲　男阡壹年壹拾捌歲

7 不成丁貳口

8 伯叁捌年捌拾伍歲　男高長年玖歲

9 婦女叁口

10 母宋叁娘年柒拾伍歲　兒婦徐拾娘年壹拾玖歲

11 孫女牙兒年壹歲

12 事産：

13 陸地壹畒伍分　瓦屋壹間壹步

［後闕］

葉二十二上

[ST—Z : 3 • 22a • 381]

1 兒婦周陸娘年肆拾捌歲　孫女阿妹年壹拾壹□
2 事産：
3 陸地壹畝　草屋壹間壹厦
4 營生：求趁

[ST—Z : 3 • 22a • 382]

1 一户范阿捌，元係湖州路德清縣金鵝鄉拾捌都下舍村玖保人氏，亡宋乙亥年前民户附籍□
2 年正月内於本村隨衆歸附，見於本保住坐應當□
3 計家：親属玖口
4 男子伍口
5 成丁叁口
6 男捌貳年叁拾玖歲　男捌肆年叁拾歲
7 男捌叁年叁拾肆歲
8 不成丁貳口

范阿捌年陸拾肆歲　孫萬壹年壹拾壹□
婦女肆口
兒婦楊捌娘年叁拾伍歲　孫女阿換年壹拾[叁]□
孫女阿⿰吕小年伍歲　孫女小⿰吕小年壹歲
事産：
瓦屋肆間壹步　船壹隻
營生：佃田

[ST—Z：3・22b・383]

一户馮阡肆，元係湖州路德清縣金鵝鄉拾捌都下舍村玖保人氏，亡宋乙亥年前民户附[籍]□
正月内於本村隨衆歸附，見於本保住坐應當民[役]
計家：親属伍口
［後闕］

葉二十三上

[ST—Z：3・23a・384]

［前闕］

1 不成丁壹口沈拾壹年陸拾叁歲
2 婦女肆口
3 妻范阡弍娘年陸拾叁歲　　兒婦徐阡壹娘年叁拾壹歲
4 孫女阿妹年叁歲　　孫女伴姐年壹歲
5 事産：
6 水田壹拾叁畝壹分貳厘伍毫　　瓦屋叁間
7 營生：養種，佃田

[ST—Z：3・23a・385]

1 一户沈小弍，元係湖州路德清縣金鵝鄉拾肆都大麻村叁保住坐人氏，亡宋乙亥年前作民户附籍，至元十三年正月内在□
2 歸附，見於本保住坐應當民役
3 計家：親屬柒口
4 男子伍口
5 成丁壹口沈小弍年肆拾捌歲
6 不成丁肆口
7 男阿伴年壹拾□歲　　男阿保年壹拾歲

男阿旺年陸歲　男祈安年叁歲
婦女貳口
母親沈玖娘年陸拾玖歲　妻沈伍娘年伍拾貳歲
事産：
水田貳畝柒分伍厘　草屋壹間
船壹隻
營生：養種，佃田，并帶種仁和縣明因寺田叁畝貳分伍厘

[ST—Z：3・23b・386]

一户沈阡捌，元係湖州路德清縣金鵝鄉拾肆都大麻村叁保住坐人氏，亡宋乙亥年前作民户附籍，至元十三年正月内□
歸附，見於本保住坐應當民役
計家：親屬伍口
男子貳口
成丁壹口沈阡捌年叁拾叁歲
不成丁壹口男伯肆年壹拾貳歲
婦女叁口

[後闕]

葉二十四上

[ST—Z : 3 · 24a · 387]

［前闕］
婦女叁口
母親張柒娘年陸拾歲　妻金叁娘年肆拾歲
女阿女年柒歲
事産：
水田叁畝　瓦屋壹間
船壹隻
營生：養種，佃田

[ST—Z : 3 · 24a · 388]

一户沈阡伍，元係湖州路德清縣金鵝鄉拾肆都大麻村叁保住坐人氏，亡宋乙亥年前作民户附籍，至元十三年正月内□
歸附，見於本保住坐應當民役
計家：親属壹拾口
男子肆口
成丁貳口
沈阡伍年肆拾伍歲　弟阡陸年叁拾玖歲
不成丁貳口
男阿陸年壹拾歲　男觀保年伍歲

婦女陸口
妻沈念陸娘年叁拾伍歲　弟婦沈叁娘年叁拾歲
女婆惜年玖歲　女大娜年肆歲
女小娜年叁歲　女阿多年叁歲
事産：
田地捌畝伍分伍厘
水田柒畝捌分　陸地柒分伍厘
瓦屋叁間　船壹隻
營生：養種，佃田

[ST—Z：3·24b·389]

一户沈阿柒，元係湖州路德清縣金鵝鄉拾肆都大麻村叁保住坐人氏，亡宋乙亥年前作民户附籍，至元十三年正月内在本
見於本保住坐應當民役
計家：親屬貳口
男子貳口
成丁壹口男沈阿拾年肆拾柒歲
[後闕]

葉二十五上

[ST—Z：3・25a・390]

［前闕］

男子貳口

成丁壹口男伍捌年叁拾肆歲

不成丁壹口朱叁拾伍年陸拾叁歲

婦女貳口

妻沈伍娘年陸拾歲　女朱拾肆娘年壹拾叁歲

事産：

水田貳畝貳分伍厘　草屋壹間

營生：養種

[ST—Z：3・25a・391]

一户朱伍玖，元係湖州路德清縣金鵝鄉拾肆都大麻村叁保住坐人氏，亡宋乙亥年前作民户附籍，至元十三年正月内□

歸附，見於本保住坐應當民役

計家：親屬伍口

男子貳口

成丁壹口朱伍玖年叁拾壹歲

不成丁壹口舅沈阿長年壹拾肆歲

婦女叁口

8 妻母沈陸娘年伍拾伍歲　　妻蔡貳娘年貳拾陸歲
9 女朱阿蚕年貳歲
10 事産：
11 水田貳畝伍分　　瓦屋貳間
12 營生：養種，佃田，并帶種杭州路資聖寺田壹畝伍分

[ST—Z：3・25b・392]

1 一户沈阿叁，元係湖州路德清縣金鵝鄉拾肆都大麻村叁保住坐人氏，亡宋乙亥年前作民户附籍，至元十三年正月□
2 歸附，見於本保住坐應當民役
3 計家：親属玖口
4 男子肆口
5 成丁貳口
6 弟沈阿肆年伍拾歲　　男沈阿拾年叁拾叁歲
7 不成丁貳口
8 沈阿叁年陸拾叁歲　　孫男沈阿娜年伍歲
9 婦女伍口

［後闕］

葉二十六上

[ST—Z : 3・26a・393]

［前闕］

1 男子伍口
2 成丁叁口
3 沈阡貳年肆拾歲　弟沈阡叁年叁拾歲
4 男伴叔年壹拾捌歲
5 不成丁貳口
6 男沈觀僧年捌歲　姪男沈伴歌年陸歲
7 婦女壹口妻蔣壹娘年肆拾叁歲
8 事産：
9 田地壹拾叁畝壹分柒厘
10 水田壹拾壹畝陸分柒厘伍毫　陸地壹畝肆分玖厘伍毫
11 瓦屋叁間
12 營生：養種，佃田

[ST—Z : 3・26a・394]

1 一户沈小伍，元係湖州路德清縣金鵝鄉拾肆都大麻村叁保住坐人氏，亡宋乙亥年前作民户附籍，至元十三年正月内□
2 歸附，見於本保住坐應當民役

計家：親屬玖口
男子肆口
成丁貳口
沈小伍年伍拾歲　男沈伯肆年貳拾陸歲
不成丁貳口
男沈阿伴年壹拾貳歲　孫男沈阿孫年肆歲
婦女伍口
妻陳拾娘年肆拾捌歲　母親沈念叁娘年捌拾歲
兒婦陳陸娘年貳拾捌歲　女沈叁娘年貳拾壹歲
孫沈阿女年叁歲
事産：
田地壹拾叁畝捌分壹厘
水田壹拾貳畝捌分捌厘　陸地玖分叁厘
瓦屋叁間　船壹隻
營生：養種，佃田

葉二十七上

［ST—Z：3·27a·395］

［前闕］

1 事産：
2 地蕩壹畝柒分伍厘
3 陸地壹畝貳分伍厘　　水蕩伍分
4 營生：求趁

［ST—Z：3·27a·396］

1 一户梁阡伍，元係湖州路德清縣北界住坐人氏，亡宋乙亥年前作民户附籍，至元拾叁年分在本縣隨衆歸附□
2 坐應當民户差役
3 計家：親属陸口
4 男子貳口
5 成丁壹口梁阡伍年叁拾陸歲
6 不成丁壹口男梁阿保年伍歲
7 婦女肆口
8 母親陳壹娘年陸拾貳歲　　妻沈伯壹娘年叁拾柒歲
9 女梁婆女年壹拾叁歲　　女梁阿回年捌歲

10 事産：
11 　田地柒畝貳分伍厘
12 　　水田叁畝　　陸地肆畝貳分伍厘
13 　賃房住坐
14 營生：養種

[ST—Z : 3 • 27b • 397]

1 一户梁阡式，元係湖州路德清縣北界住坐人氏，亡宋乙亥年前作民户附籍，至元拾叁年正月内在本縣隨衆歸附在□
2 　　應當民户差役
3 計家：親属伍口
4 　男子叁口
5 　　成丁壹口梁阡式年肆拾伍歲
6 　　不成丁貳口
7 　　　男梁阿僧年壹拾肆歲　　男梁阿保年壹拾歲
8 　婦女貳口
9 　　妻朱壹娘年肆拾叁歲　　女梁阿阡年伍歲

［後闕］

葉二十八上

〔ST—Z：3·28a·398〕

〔前闕〕

1 小女阿妹年柒歲

2 事産：無，賃房住坐

3 營生：手趁

〔ST—Z：3·28a·399〕

1 一户陳阡伍，元係湖州路德清縣北界人氏，亡宋乙亥年前作民户附籍，至元十三年正月内於本界隨衆歸附，見□

2 住坐應當民户差役

3 計家：親屬肆口

4 男子成丁壹口陳阡伍年貳拾捌歲

5 婦女叁口

6 妻朱氏貳娘年貳拾陸歲　母親沈氏貳娘年陸拾伍歲

7 女阿臘年柒歲

8 事産：

9 陸地伍分

10 營生：雜趁

〔ST—Z：3·28a·400〕

1 一户姚阡壹，元係湖州路德清縣北界人氏，亡宋乙亥年前作民户附籍，至元十三年正月内於本界隨衆歸附，見□

2 住坐應當民户差役

3 計家：親属叁口
4 男子成丁壹口姚阡壹年肆拾歲
5 婦女貳口
6 妻王壹娘年肆拾伍歲　女伴娘年壹拾貳歲
7 事産：無，賃房住坐
8 營生：雜趁

[ST—Z : 3・28b・401]

1 一户周阡壹，元係杭州路北新橋狀元坊人氏，亡宋乙亥年前作民户附籍，至元十三年正月内於本界隨衆歸附，於至□
2 年搬移前來德清縣北界住坐應當民户差役
3 計家：親属叁口
4 男子成丁壹口周阡壹年肆拾歲
5 婦女貳口
6 母親顧氏年陸拾歲　妹周壹娘年貳拾肆歲
7 事産：無，賃房住坐
8 營生：雜趁

葉二十九上〔一〕

[ST—Z：3・29a・402]〔二〕

[前闕]

1 計家：親属壹口

2 男子不成丁壹口蔡拾年陸拾壹歲

3 事産：瓦屋壹間

4 營生：佃種杭州路浄慈寺田陸畝

[ST—Z：3・29a・403]

1 一户馮細叁〔三〕，元係湖州路德清縣金鵝鄉拾捌都下舍村拾保人氏，亡宋乙亥年前作民户附籍，至□

2 月内於本村隨衆歸附，見於本保住坐應當民役

3 計家：親属壹口

4 男子不成丁壹口馮細叁年陸拾玖歲

5 事産：草屋壹間

6 營生：佃種安国寺田貳畝

[ST—Z：3・29a・404]

1 一户姚肆玖，元係湖州路德清縣金鵝鄉拾捌都下舍村拾保人氏，亡宋乙亥年前作民户附籍，至□

2 正月内於本村隨衆歸附，見於本保住坐應當民[役]

3 計家：親属伍口

4 男子不成丁叁口

5 姚肆玖年陸拾貳歲　男阿[illegible]年壹拾肆歲

〔一〕該葉與同册葉四十一部分内容相同，爲重複葉。

〔二〕據該户第二行可知爲「蔡拾」户，與同册葉四十一「蔡拾」户爲同一户。

〔三〕該户與同册葉四十一「馮細叁」户皆位於「金鵝鄉拾捌都下舍村拾保」，考慮到前面兩處「蔡拾」爲同一户，則極有可能該户與葉四十一「馮細叁」亦是同一户。

6　　　男小乢年壹拾貳歲

7　　婦女貳口

8　　　妻楊肆貳娘年肆拾貳歲　　女叁女年玖歲

9　事産：

10　田地壹拾捌畝伍分

11　　水田壹拾伍畝伍分　　陸地叁畝

12　房屋肆間半

13　　瓦屋貳間半　　草屋貳間

14　船壹隻

15　營生：養種，佃田

［ST—Z：3・29b・405］

1　一户沈柒，元係湖州路德清縣金鵝鄉拾捌都下舍村拾保人氏，亡宋乙亥年前作民户附籍，至元十□

2　　　內於本村隨衆歸附，見於本保住坐應當民役

3　計家：親屬貳口

4　　男子不成丁壹口沈柒年陸拾壹歲

［後闕］

葉三十上

［ST—Z：3・30a・406］

1 一户謝肆陸，元係湖州路德清縣金鵝鄉拾捌都白土村捌保人氏，亡宋乙亥年前民户附籍，至□

2 三年正月内於本村隨衆歸附，見於本保住坐應當□

3 計家：親屬壹口

4 男子不成丁壹口謝肆陸年陸拾貳歲

5 事産：

6 田地伍畝伍分陸厘

7 水田伍畝伍分　陸地陸厘

8 瓦屋壹步

9 營生：養種，佃田

［ST—Z：3・30a・407］

1 一户沈拾貳，元係湖州路德清縣金鵝鄉拾捌都白土村捌保人氏，亡宋乙亥年前民户附籍，至□

2 三年正月内於本村隨衆歸附，見於本保住坐應當民□

3 計家：親屬貳口

4 男子不成丁壹口沈拾貳年陸拾玖歲

5 婦女壹口妻姚陸叁娘年陸拾叁歲

事産：
田地伍畝伍分
水田肆畝貳分伍厘　陸地壹畝貳分伍厘
瓦屋壹間
營生：養種，佃田

[ST—Z：3·30b·408]

一户徐伍，元係湖州路德清縣金鵝鄉拾捌都伍庫村捌保人氏，亡宋乙亥年前民户附籍，至□
三年正月内於本村隨衆歸附，見於本保住坐應當民□
計家：親屬肆口
男子不成丁貳口
徐伍年柒拾歲　孫觀壽年壹拾歲
婦女貳口
妻沈肆娘年柒拾肆歲　兒婦沈拾娘年肆拾叁歲
事産：
水田壹拾壹畝伍分　瓦屋肆間半
船壹隻
營生：養種，佃田

葉三十一上

[ST—Z：3·31a·409]

一户高柒貳，元係湖州路德清縣金雞鄉拾叁都伍保蘇林村人氏，亡宋乙亥年前作民户附籍，至元十三年於本村隨衆歸□
在本保住坐應當民役
計家：親屬壹口
男子壹口
不成丁壹口高柒貳年陸拾陸歲
事産：
田地陸分貳厘
水田叁分柒厘　陸地貳分伍厘
瓦屋壹間
營生：養種

[ST—Z：3·31a·410]

一户丘陸壹，元係湖州路德清縣金雞鄉拾叁都伍保蘇林村人氏，亡宋乙亥年前作民户附籍，至元十三年於本村隨衆歸附□
本保住坐應當民役
計家：親屬壹口
男子壹口

不成丁壹口丘陸壹年陸拾肆歲
事産：
田地壹畝陸分貳厘
水田壹畝貳分伍厘　陸地叁分柒厘
草舍壹間
營生：養種

[ST—Z：3·31b·411]

一户范伯玖娅，元係湖州路德清縣金雞鄉拾叁都伍保蘇林村人氏，亡宋乙亥年前作民户附籍，至元十三年於本村隨衆歸附，見□
住坐應當民役
計家：親属肆口
男子叁口
不成丁叁口
男觀壽年壹拾叁歲　男卯僧年壹拾歲
男不息年伍歲
婦女壹口范伯玖嫂年伍拾叁歲
事産：
田地玖畝貳分
水田伍畝　陸地肆畝貳分
瓦屋貳間
營生：養種，佃田

葉三十二上

［ST—Z : 3・32a・412］

1 一户朱阡壹娘，元係湖州路德清縣金雞鄉拾叁都拾保佇侣村人氏，亡宋乙亥年前作民户附籍，至元十三年於本村隨□
2 見在本保住坐應當民役
3 計家：親属肆口
4 男子不成丁壹口男换狗年壹拾歲
5 婦女叁口
6 朱阡壹娘年肆拾肆歲　　女阿妹年柒歲
7 女阿添年肆歲
8 事産：
9 田地伍畝叁分柒厘
10 水田伍畝　　陸地叁分柒厘
11 瓦屋壹間
12 營生：養種，佃田

［ST—Z : 3・32a・413］

1 一户徐肆㛐，元係湖州路德清縣金雞鄉拾叁都拾保佇侣村人氏，亡宋乙亥年前作民户附籍，至元十三年於本村隨衆歸附□
2 在本保住坐應當民役

3 計家：親屬壹口
4 婦女壹口
5 徐肆娒年陸拾捌歲
6 事産：
7 瓦屋壹間
8 營生：佃田

[ST—Z：3・32b・414]

1 一户陳伍娘，元係湖州路德清縣金鵝鄉拾叁都拾保佇侶村人氏，亡宋乙亥年前作民户附籍，至元十三年於本村隨衆歸□
2 見在本村借房住坐應當民役
3 計家：親屬貳口
4 男子壹口
5 不成丁壹口男李保年壹拾貳歲
6 婦女壹口陳伍娘年伍拾伍歲
7 事産：
8 營生：求趁

葉三十三上

[ST—Z：3・33a・415]

一户沈玖叁，元係湖州路歸安縣含山鄉拾壹都西楊墓村人氏，亡宋乙亥年前作民户附籍，至元十三年於本村隨□
後於至元二十肆年移居在本路德清縣金鵝鄉拾叁□
村住坐賃房居住應當民役
計家：親属叁口
男子貳口
不成丁貳口
沈玖叁年陸拾壹歲　男太壽年壹拾叁歲
婦人壹口妻沈玖娘年陸拾貳歲
事産：
營生：雜趁過活

[ST—Z：3・33a・416]

一户屠念肆，元係嘉興路崇德縣拾陸都肆家村人氏，亡宋乙亥年前作民户附籍，至元十三年於本村隨衆□
至元二十四年移居在湖州路德清縣金鵝鄉拾叁都陸保□
廟住坐應當民役
計家：親属壹口
男子壹口

6　　不成丁壹口屠念肆年柒拾肆歲
7　事産：
8　　田地玖畝貳分伍厘
9　　　水田捌畝伍分　　陸地柒分伍厘
10　營生：守産

[ST—Z：3·33b·417]

1　一户李拾貳，元係湖州路德清縣金鵝鄉拾叁都陸保後柳村人氏，亡宋乙亥年前作民户附籍，至元十三年於□
2　　　　　附，見在本保住坐應當民役
3　計家：親屬壹口
4　　男子不成丁壹口李拾貳年柒拾歲
5　事産：
6　　田地貳畝柒分
7　　　水田貳畝　　陸地柒分
8　　瓦屋壹間壹舍
9　營生：養種，佃田

葉三十四上

[ST—Z：3・34a・418]

［前闕］

婦女貳口

妻胡拾壹娘年陸拾叁歲　女阿娜年壹拾叁歲

事産：

田地壹畝壹分叁厘

水田柒分伍厘　陸地叁分捌厘

瓦屋壹間半壹舍

營生：養種，并帶種武康上柏報先院田貳畝，杭州仁和縣純真觀鄧先生田伍畝

[ST—Z：3・34a・419]

一户沈肆壹，元係湖州路德清縣金鵝鄉拾叁都捌保栗安村人氏，亡宋乙亥年前作民户附籍，至元十三年於本□

歸附，見在本保住坐應當民役

計家：親屬貳口

男子壹口

不成丁壹口

沈肆壹年陸拾柒歲

婦女壹口

妻錢叁拾貳娘年陸拾壹歲

9 事産：
10 　田地貳畝壹分貳厘
11 　　水田壹畝伍分　　陸地陸分貳厘
12 　瓦屋壹間
13 營生：養種，佃田

[ST—Z：3・34b・420]

1 一户沈叁伍，元係湖州路德清縣金鵝鄉拾叁都捌保栗安村人氏，亡宋乙亥年前作民户附籍，至元十三年於本村隨□
2 　　附，見在本保住坐應當民役
3 計家：親屬壹口
4 　男子壹口
5 　　不成丁壹口沈叁伍年陸拾玖歲
6 事産：
7 　田地伍畝捌分柒厘
8 　　水田伍畝　　陸地捌分柒厘
9 　瓦屋貳間壹舍
10 營生：養種

葉三十五上

[ST—Z：3・35a・421]

［前闕］

男子不成丁壹口朱肆壹年陸拾壹歲

婦女壹口妻梅壹娘年柒拾歲

事産：

瓦屋壹間

船壹隻

營生：佃田

[ST—Z：3・35a・422]

一户沈拾柒，元係湖州路德清縣金鵝鄉拾叁都玖保佇倡村人氏，亡宋乙亥年前作民户附籍，至元十三年於本村隨衆□

在本保住坐應當民役

計家：親屬貳口

男子不成丁壹口沈拾柒年柒拾陸歲

婦女壹口妻沈壹娘年陸拾壹歲

事産：

陸地伍分伍厘

瓦屋壹間壹舍

營生：養種

[ST—Z：3・35b・423]

一户沈玖，元係湖州路德清縣金鵝鄉拾叁都玖保南沈人氏，亡宋乙亥年前作民户附籍，至元十三年於本村隨衆歸附，見□
住坐應當民役
計家：親屬貳口
男子不成丁壹口沈玖年陸拾陸歲
婦女壹口妻屠拾肆娘年陸拾柒歲
事産：
陸地柒分伍厘
瓦屋壹間壹舍
營生：養種

[ST—Z：3・35b・424]

一户沈捌壹，元係湖州路德清縣金鵝鄉拾叁都玖保佇侶村南沈人氏，亡宋乙亥年前作民户附籍，至元十三年於本□
歸附，見在本保住坐應當民役
計家：親屬壹口
男子不成丁壹口沈捌壹年陸拾伍歲
事産：

[後闕]

葉三十六上

[ST—Z：3·36a·425]

［前闕］
陸地伍分　　水蕩壹畝伍分
瓦屋壹間半并步
營生：養種，佃田

[ST—Z：3·36a·426]

五

一户吴柒壹，元係湖州路德清縣金鵝鄉拾貳都櫟林村柒保人氏，亡宋乙亥年前作民户附籍，至元十三年分於□
歸附，見於本保住坐應當民户差役
計家：親屬陸口
男子肆口
成丁貳口
吴柒壹年叁拾玖歲　　弟阿叁年叁拾壹歲
不成丁貳口
男阿轉年拾歲　　男阿弟年叁歲
婦女貳口
妻高叁娘年叁拾貳歲　　女阿妹年柒歲
事産：
陸地叁畝伍分　　瓦屋壹間

營生：養種，佃田

[ST—Z : 3 · 36b · 427]

三

一户章陸貳，元係湖州路德清縣金鵝鄉拾貳都櫟林村柒保人氏，亡宋乙亥年前作民户附籍，至元十三年分於□
歸附，見於本保住坐應當民户差役
計家：親屬肆口
男子叁口
成丁貳口
章陸貳年肆拾伍歲　男伴叔年拾玖歲
不成丁壹口男福孫年玖歲
婦女壹口妻章玖娘年肆拾陸歲
事産：
田地貳畝玖分伍厘
水田壹畝伍分　陸地壹畝肆分伍厘
瓦屋壹間壹舍　農船壹隻
營生：養種，帶種鵞山寶嚴院常住田柒畝，福慧院田肆畝貳分伍厘

葉三十七上

[ST—Z：3・37a・428]

［前闕］

1 　　　　小女阿娜年伍歲
2 　事産：
3 　　陸地壹畝貳分伍厘　　瓦屋壹間半
4 　營生：養種，帶種杭州水陸寺田伍畝貳分伍厘

[ST—Z：3・37a・429]

（二）

1 一户曹伯伍，元係湖州路德清縣金鵝鄉拾貳都櫟林村捌保人氏，亡宋乙亥年前作民户附籍□
2 　　　於本村歸附，見於本保住坐應當民役
3 　計家：親属貳口
4 　　男子成丁壹口曹伯伍年肆拾伍歲
5 　　婦女壹口妻沈陸娘年肆拾歲
6 　事産：
7 　　瓦屋壹間

8 營生：養種，佃田

[ST—Z：3・37b・430]

一

1 一户聞伯貳，元係湖州路德清縣金鵝鄉拾貳都櫟林村捌保人氏，亡宋乙亥年前作民户附□
2 十三年於本村歸附，見於本保住坐應當民役
3 計家：親屬陸口
4 男子叁口
5 成丁壹口聞伯貳年肆拾伍歲
6 不成丁貳口
7 男阿寅年壹拾歲　　次男阿長年柒歲
8 婦女叁口
9 妻吴玖娘年叁拾伍歲　　女阿妹年肆歲
10 女阿娜年叁歲
11 事産：
12 陸地貳分伍厘　　瓦屋壹間
[後闕]

葉三十八上

［ST—Z：3·38a·431］

［前闕］

1 男子壹口

2 不成丁壹口沈細柒年捌拾伍歲

3 事産：

4 瓦屋貳間

5 營生：求乞

［ST—Z：3·38a·432］

1 一户王萬壹，元係湖州路德清縣金鵝鄉拾肆都壹保海卸村人氏，亡宋乙亥年前作民户附籍，至元十三□

2 本村隨衆歸附，見在本保住坐應當民役

3 計家：親屬壹口

4 男子壹口

5 不成丁壹口王萬壹年陸拾貳歲

6 事産：

7 賃屋住坐

8 營生：手趁

［ST—Z：3·38a·433］

1 一户沈伯壹，元係湖州路德清縣金鵝鄉拾肆都壹保海卸村人氏，亡宋乙亥年前作民户附籍，至元十三□

2 本村隨衆歸附，見在本保住坐應當民役
3 計家：親屬壹口
4 男子壹口
5 不成丁壹口沈伯壹年柒拾叁歲
6 事産：
7 賃屋住坐
8 營生：養種，佃田

［**ST—Z：3・38b・434**］

1 一户鄧貳娘，元係湖州路德清縣金鵝鄉拾肆都壹保海卸村人氏，亡宋乙亥年前作民户附籍，至元十三□
2 本村隨衆歸附，見在本保住坐應當民役
3 計家：親屬叁口
4 男子貳口
5 不成丁貳口
6 男阿鰲年壹拾叁歲　男換兒年叁歲
7 婦女壹口鄧貳娘年伍拾歲
8 事産：
［後闕］

葉三十九上

〔**ST—Z：3・39a・435**〕

一户沈柒娘，元係湖州路德清縣金鵝鄉拾肆都大麻村伍保人氏，亡宋乙亥年前作民户附籍，至元十三年□

本村歸附，見於本保住坐應當民役

計家：親屬貳口

婦女貳口

沈柒娘年叁拾歲　妹姨女年壹拾柒歲

事産：

田地壹拾柒畝叁分

水田壹拾伍畝　陸地貳畝叁分

瓦屋叁間

營生：守産

〔**ST—Z：3・39a・436**〕

一户張捌婹，元係湖州路德清縣金鵝鄉拾肆都大麻村伍保人氏，亡宋乙亥年前作民户附籍，至元十□

2 內於本村歸附，見於本保住坐應當民役
3 計家：親屬貳口
4 婦女貳口
5 張捌娘年伍拾伍歲　孫女捌娘年捌歲
6 事産：無
7 賃房住坐
8 營生：求趁

[ST—Z：3・39b・437]

1 一户沈伯叁娘，元係湖州路德清縣金鵝鄉拾肆都大麻村伍保人氏，亡宋乙亥年前作民户附籍，至元十三年□
2 於本村歸附，見於本保住坐應當民役
3 計家：親屬壹口
4 婦女壹口沈伯叁娘年陸拾玖歲
5 事産：
6 陸地貳分伍厘　瓦屋貳間
7 營生：養種

葉四十上

[ST—Z：3・40a・438]

1 一户沈阡玖，元係湖州路德清縣金鵝鄉拾肆都大麻村叁保人氏，亡宋乙亥年前作民户附籍，至元十三年正□
2 村歸附，見於本保住坐應當民役
3 計家：親属貳口
4 男子不成丁壹口沈阡玖年陸拾壹歲
5 婦女壹口妻陳柒陸娘年伍拾貳歲
6 事産：
7 瓦屋壹間
8 營生：佃田

[ST—Z：3・40a・439]

1 一户宋伯柒，元係湖州路德清縣金鵝鄉拾肆都大麻村叁保人氏，亡宋乙亥年前作民户附籍，至元十三□
2 於本村歸附，見於本保住坐應當民役
3 計家：親属貳口
4 男子不成丁壹口宋伯柒年陸拾陸歲
5 婦女壹口妻沈叁拾伍娘年伍拾陸歲
6 事産：無，賃房住坐
7 營生：佃□

[ST—Z：3・40b・440]

一户沈伯捌，元係湖州路德清縣金鵝鄉拾肆都大麻村叁保人氏，亡宋乙亥年前作民户附籍，至元十三年正□
本村歸附，見於本保住坐應當民役
計家：親屬壹口
男子不成丁壹口沈伯捌年陸拾伍歲
事産：
田地叁畝陸分柒厘
水田叁畝伍分　陸地壹分柒厘
草屋壹間
營生：養種

[ST—Z：3・40b・441]

一户胡拾壹，元係湖州路德清縣金鵝鄉拾肆都大麻村叁保人氏，亡宋乙亥年前作民户附籍，至元十三年正月內□
村歸附，見於本保住坐應當民役
計家：親屬壹口
男子不成丁壹口胡拾壹年陸拾貳歲
事産：
水田壹拾陸畝　瓦屋貳間半
營生：養種

[ST—Z：3・40b・442]

一户楊柒，元係湖州路德清縣金鵝鄉拾肆都大麻村叁保人氏，亡宋乙亥年前作民户附籍，至元十三年正月□
本村歸附，見於本保住坐應當民役

[後闕]

葉四十一上〔一〕

[ST—Z : 3 · 41a · 443]

一户馮拾貳，元係湖州路德清縣金鵝鄉拾捌都下舍村拾保人氏，亡宋乙亥年前民户附籍，至元□
村歸附，見於本保住坐應當民役
計家：親屬壹口
男子不成丁壹口馮拾貳年陸拾伍歲
事産：
水田肆畝　瓦屋半間
營生：養種

[ST—Z : 3 · 41a · 444]

一户俞壹，元係湖州路德清縣金鵝鄉拾捌都下舍村拾保人氏，亡宋乙亥年前民户附籍，至元十三年[正]□
見於本保住坐應當民役
計家：親屬壹口
男子不成丁壹口俞壹年柒拾叁歲
事産：
陸地伍分　瓦屋半間
營生：養種，佃田

[ST—Z : 3 · 41a · 445]

一户沈肆玖，元係湖州路德清縣金鵝鄉拾捌都下舍村拾保人氏，亡宋乙亥年前民户附籍，至元十三[年]□
歸附，見於本保住坐應當民役
計家：親屬壹口

〔一〕該葉與同册葉二十九部分内容相同，爲重複葉。

4 男子不成丁壹口沈肆玖年陸拾叁歲

5 事産：

6 水田壹畝柒分伍厘　瓦屋壹間

7 營生：養種，佃田

［ST—Z：3・41b・446］

1 一户沈阿柒，元係湖州路德清縣金鵝鄉拾捌都下舍村拾保人氏，亡宋乙亥年前民户附籍，至元十三年□

2 歸附，見於本保住坐應當民役

3 計家：親屬壹口

4 男子不成丁壹口沈阿柒年柒拾歲

5 事産：瓦屋壹間

6 營生：手趁

1 一户蔡拾[一]，元係湖州路德清縣金鵝鄉拾捌都下舍村拾保人氏，亡宋乙亥年前民户附籍，至元十三年正□

2 歸附，見於本保住坐應當民役

3 計家：親屬壹口

4 男子不成丁壹口蔡拾年陸拾壹歲

5 事産：瓦屋壹間

6 營生：帶種僧田陸畝

1 一户馮細叁[二]，元係湖州路德清縣金鵝鄉拾捌都下舍村拾保人氏，亡宋乙亥年前民户附籍，至元十三年正月内□

［後闕］

［一］該户與同册葉二十九「蔡拾」户内容基本重複，故兩處爲同一户。葉二十九缺户頭而此處爲完整一户，可資參考。

［二］該户與同册葉二十九「馮細叁」户應爲同一户。

葉四十二上〔一〕

[ST—Z : 3・42a・447]

一户沈陸壹，元係湖州路德清縣金鵝鄉拾捌都下舍村拾壹保人氏，亡宋乙亥年前作民户附籍，至元□
於本村隨衆歸附，見於本保住坐應當民役
計家：親屬捌口
男子肆口
成丁貳口
男柒壹年貳拾肆歲　女夫蔣伯捌年叁拾捌歲
不成丁貳口
沈陸壹年陸拾叁歲　男阿增年壹拾肆歲
婦女肆口
妻周肆娘年伍拾玖歲　女沈叁娘年貳拾捌歲
兒婦戚叁肆娘年貳拾壹歲　孫女婆孫年叁歲
事産：
田地伍畝柒分伍厘
水田伍畝　陸地柒分伍厘

〔一〕該葉與同册葉四十三部分内容相同，爲重複葉。

15 瓦屋貳間貳厦　農船壹隻
16 營生：養種，佃田

［ST—Z：3・42b・448］

1 一户馮伯拾〔一〕，元係湖州路德清縣金雞鄉拾捌都下舍村拾壹保人氏，亡宋乙亥年前民户附籍□
2 三年正月内於本村隨衆歸附，見於本保住坐應當□
3 計家：親属壹口
4 男子成丁壹口馮伯拾年伍拾伍歲
5 事産：
6 水田貳畝　瓦屋壹間
7 營生：養種〔二〕

［ST—Z：3・42b・449］

1 一户沈伯拾壹〔三〕，元係湖州路德清縣金雞鄉拾捌都下舍〔四〕拾壹保人氏，亡宋乙亥年前民户附籍□
2 三年正月内於本村隨衆歸附，見於本保住坐應當民□
3 計家：親属壹口
4 男子成丁壹口沈伯拾壹年肆拾伍歲
5 事産：
6 水田貳畝伍分，賃房住坐
7 營生：養種，帶種安国寺僧新長老田玖畝伍分

〔一〕該户與同册葉四十三「馮伯拾」户爲同一户。
〔二〕養種　同册葉四十三重複户作「養種兼打油」。
〔三〕該户與同册葉四十三「沈伯拾壹」户爲同一户。
〔四〕下舍　據上下文義，「下舍」後當脱「村」字。

葉四十三上〔一〕

一户馮伯拾〔二〕，元係湖州路德清縣金鵝鄉拾捌都下舍村拾壹保人氏，亡宋乙亥年前作民户附籍□
正月内於本村隨衆歸附，見於本保住坐應當民役
計家：親屬壹口
男子成丁壹口馮伯拾年伍拾伍歲
事産：
水田貳畝　　瓦屋壹間
營生：養種兼打油

一户沈伯拾壹〔三〕，元係湖州路德清縣金鵝鄉拾捌都下舍村拾壹保人氏，亡宋乙亥年前作民户附籍□
正月内於本村隨衆歸附，見於本保住坐應當民役
計家：親屬壹口
男子成丁壹口沈伯拾壹年肆拾伍歲
事産：
水田貳畝伍分　　賃房住坐
營生：養種，帶佃安国寺僧新寺主田玖畝伍分

〔一〕該葉與同册葉四十二部分内容重複。
〔二〕該户與同册葉四十二下「馮伯拾」户爲同一户。
〔三〕該户與同册葉四十二下「沈伯拾壹」户爲同一户。

[ST—Z：3・43b・450]

1 一户糜叁玖，元係［　　　］鄉叁拾貳都□□村人氏，亡宋乙亥［　　　］
2 縣金雞鄉拾捌都下舍村拾壹保居住，作民户附籍，[至]［　　　］
3 月内於本處歸附，見於本保住坐應當民役
4 計家：親屬壹口
5 男子成丁壹口糜叁玖年肆拾叁歲
6 事産：
7 水田肆畝　　賃房住坐
8 營生：養種，帶佃拾陸都永壽庵僧明□田貳畝

[ST—Z：3・43b・451]

1 一户沈叁陸，元係湖州路德清縣金雞鄉拾捌都下舍村拾壹保人氏，亡宋乙亥年前作民户附籍［　　　］
2 正月内於本村隨衆歸附，見於本保住坐應當民[役]
3 計家：親屬壹口
4 男子成丁壹口沈叁陸年貳拾貳歲
5 事産：
6 水田貳分伍厘　　瓦屋半間
7 營生：養種，佃田

葉四十四上

［ST—Z：3·44a·452］

［前闕］

營生：養種，求趁

［ST—Z：3·44a·453］

一户周叄，元係湖州路德清縣金鵝鄉拾伍都荷浦人氏，亡宋乙亥年前作民户附籍，至元十□

在本處隨衆歸附，見移居拾捌都下舍村拾保□

當民役

計家：親屬叄口

男子不成丁貳口

周叄年陸拾叄歲　男阿伴年壹拾叄歲

婦女壹口妻周氏余年伍拾伍歲

事産：

水田壹拾貳畝　船壹隻

10 典房住坐

11 營生：養種

[ST—Z：3・44b・454]

1 一户沈土得，元係湖州路德清縣金䧥鄉拾捌都拾保人氏，亡宋乙亥年前是故父沈念叁爲户□

2 　　　　　　附籍，至元十三年於本村隨衆歸附，見於本保住坐□

3 計家：親属壹口

4 　　男子不成丁壹口沈土得年壹拾肆歲

5 事産：

6 　田地叁畝伍分叁厘

7 　　水田叁畝　　　陸地伍分叁厘

8 　瓦屋壹間壹步

9 營生：守産

葉四十五上

〔ST—Z：3・45a・455〕

1 一户戴拾肆，元係湖州路德清縣北界人氏，亡宋乙亥年前作民户附籍，至元十三年正月内在本縣隨□

2 後於至元十七年蒙官司取勘得本户有茶地叁厘，分□

3 户計，見於本界住坐應當

4 計家：親屬肆口

5 男子貳口

6 成丁壹口戴拾肆年肆拾叁歲

7 不成丁壹口男土保年壹拾叁歲

8 婦女貳口

9 母親朱阡叁娘年柒拾歲　女僧女年壹拾歲

10 事産：

11 陸地貳畝貳分伍厘

12 瓦屋壹間貳步

13 營生：養種

〔ST—Z：3・45a・456〕

1 一户倪阡貳，元係湖州路德清縣北界人氏，亡宋乙亥年前作民户附籍，至元十三年正月内在本縣隨衆歸□

2 至元十六年蒙官司取勘得本户有茶地貳厘，分揀作□

3 計，見於本界賃房住坐應當
4 計家：親屬壹口
5 男子成丁壹口倪阡貳年肆拾歲
6 事産：
7 地山貳畝伍分
8 陸地伍分　山貳畝
9 營生：賣柴

［ST—Z：3·45b·457］

1 一户沈捌户下沈伯捌，元係湖州路德清縣北界人氏，亡宋乙亥年前故父沈捌為户作民户附籍□
2 年正月内在本縣隨衆歸附，至元十六年蒙官司取勘□
3 户有茶地分揀作採茶户計，以後父母俱亡與兄沈□
4 伯柒析居，見於壹都玖保看庵住坐應當
5 計家：親屬壹口
6 男子成丁壹口沈伯捌年叁拾陸歲

［後闕］

葉四十六上

[ST—Z：3·46a·458]

[前闕]

1 計家：親屬肆口
2 男子貳口
3 成丁壹口沈伯柒年肆拾貳歲
4 不成丁壹口男伴歌年壹拾壹歲
5 婦女貳口
6 妻沈陸娘年肆拾陸歲　女臘女年肆歲
7 事産：
8 田地玖畝陸分貳厘
9 水田玖畝叁分柒厘　陸地貳分伍厘
10 瓦屋壹間　船壹隻
11 營生：養種

[ST—Z：3·46a·459]

1 一户沈阡叁，元係湖州路德清縣□拾肆都海卸村壹保住坐人氏，亡宋乙亥年前作民户附籍，至元十三年□
2 在本村歸附，見於本保住坐應當民役
3 計家：親屬貳口

男子貳口
成丁壹口沈阡叁年肆拾伍歲
不成丁壹口男伍壹年壹拾肆歲
事産：
陸地肆分伍厘　瓦屋壹間
船壹隻
營生：養種，佃田

[ST—Z：3・46b・460]

一户沈阿柒，元係湖州路德清縣金鵝鄉拾肆都海卸村壹保住坐人氏，亡宋乙亥年前作民户附籍，至元十三年正□
本村歸附，見於本保住坐應當民役
計家：親屬陸口
男子壹口
成丁壹口沈阿柒年肆拾壹歲
婦女伍口
妻凌阿拾娘年叁拾壹歲　女阿女年壹拾歲

[後闕]

葉四十七上〔一〕

〔ST—Z：3・47a・461〕

〔前闕〕

1 營生：養種

〔ST—Z：3・47a・462〕

1 一户沈拾捌，元係湖州路德清縣金鵝鄉拾肆都壹保□

2 歸[附]□

3 計家：親屬肆口

4 男子壹口

5 成丁壹口沈拾捌[年]□

6 婦女叁口

7 妻陳拾貳□　□

8 女肆娜年□

9 事産：

10 水田貳分伍厘□

11 營生：養種，帶佃杭州路永福寺田伍畝伍□

〔ST—Z：3・47a・463〕

1 一户沈阡陸，元係湖州路德清縣金雞鄉拾肆都壹□

2 歸附□

3 計家：親屬肆口

〔一〕該葉與同册葉四十八部分内容相同，爲重複葉。另，該葉文字被截爲兩段，僅餘上半部分内容，且與正面文字上下方向相反，應係刷印《增修互注禮部韻略》時拼接紙張顛倒所致。

4 男子貳口
5 成丁壹口沈阡陸年
6 不成丁壹口男小⿰吕小
7 婦女貳口
8 妻鐘貳娘
9 事産：
10 田地肆畝
11 水田叁畝伍分
12 瓦屋壹間
13 營生：養種

[ST—Z：3·47b·464]

1 一户沈拾叁〔一〕，元係湖州路德清縣金鵝鄉拾肆都壹保
2 歸附，見
3 計家：親屬柒口
4 男子叁口

［後闕］

〔一〕該户與同册葉四十八「沈拾叁」爲同一户。

葉四十八上〔一〕

[ST—Z：3・48a・465]

[前闕]

1 男子貳口
2 成丁壹口沈伍陸年叁拾肆歲
3 不成丁壹口男阿孫年壹歲
4 婦女叁口
5 妻母朱貳娘年陸拾歲　妻鄧壹娘年貳拾伍歲
6 女阿丑年伍歲
7 事産：
8 田蕩肆畝伍分
9 水田肆畝　水蕩伍分
10 草屋壹間　船壹隻
11 營生：養種

1 一户沈拾叁〔二〕，元係湖州路德清縣金鵝鄉拾肆都壹保人氏，亡宋乙亥年前作民户附籍，至元十三年正月内歸附，見□
2 應當民役
3 計家：親屬柒口

〔一〕該葉與同册葉四十七部分内容重複。
〔二〕該户與同册葉四十七「沈拾叁」户皆位於「金鵝鄉拾肆都壹保」，且「計家親屬柒口」「男子叁口」兩項完全相同，極有可能是同一户。該户爲完整一户，可資參考。

4 男子叁口
5 成丁貳口
6 男拾肆年伍拾伍歲　孫男萬壹年叁拾歲
7 不成丁□口沈拾叁年柒拾壹歲
8 婦女肆口
9 媳婦沈拾陸娘年叁拾貳歲　女沈拾壹娘年捌歲
10 女小女年伍歲　女阿多年貳歲
11 事産：
12 田地陸畝叁分陸厘
13 水田伍畝貳分伍厘　陸地壹畝壹分壹厘
14 瓦屋貳間
15 營生：養種，帶佃杭州路永福寺田壹畝貳分伍厘

［ST—Z：3・48b・466］

1 一户沈慶壹，元係湖州路德清縣金鵝鄉拾肆都壹保人氏，亡宋乙亥年前作民户附籍，至元十三年正月内□
2 本保住坐應當民役
3 計家：親屬陸口
［後闕］

葉四十九上

[ST—Z：3・49a・467]

[前闕]

1 事産：

2 水田陸畝貳分伍厘　瓦屋貳間

3 營生：養種，佃田

[ST—Z：3・49a・468]

1 一户沈拾玖，元係湖州路德清縣金鵝鄉拾肆都大麻村叁保住坐人氏，亡宋乙亥年前作民户附籍，至元十三年正月内[ ]

2 歸附，見於本保住坐應當民役

3 計家：親屬肆口

4 男子貳口

5 成丁壹口男陸叁年貳拾柒歲

6 不成丁壹口沈拾玖年陸拾壹歲

7 婦女貳口

8 妻沈叁□娘年陸拾叁歲　兒婦周玖娘□貳拾叁歲

9 事産：

10 水田壹畝壹分柒厘　草屋壹間半

11 營生：養種，佃田

[ST—Z：3・49b・469]

1 一户程阿肆，元係湖州路德清縣金鵝鄉拾肆都大麻村叁保住坐人氏，亡宋乙亥年前作民户附籍，至元十三年[ ]

葉四十九下

2 本村歸附，見於本保住坐應當民役
3 計家：親属陸口
4 男子伍口
5 成丁貳口
6 男陸叁年貳拾捌歲　男陸肆年貳拾貳歲
7 不成丁叁口
8 程阿肆年陸拾伍歲　男阿春年壹拾叁歲
9 男阿多年壹拾歲
10 婦女壹口妻沈拾陸娘年陸拾壹歲
11 事産：
12 水田貳畝貳分伍厘　瓦屋壹間
13 船壹隻
14 營生：養種，佃田

[ST—Z：3·49b·470]

1 一户沈阡叁，元係湖州路德清縣金鵝鄉拾肆都大麻村叁保住坐人氏，亡宋乙亥年前作民户附籍，至元十三年正月□

[後闕]

葉五十上

[ST—Z：3・50a・471]

［前闕］

婦女壹口沈肆貳娘年柒拾叄歲

營生：績苧麻

[ST—Z：3・50a・472]

一户李伯叄娘，元係湖州路德清縣北界人氏，亡宋乙亥年前作民户附籍，至元十三年正月内在本縣隨衆□

見於本界住坐應當民役

計家：親屬壹口

婦女壹口李伯叄娘年柒拾伍歲

事産：

陸地壹畝伍分

瓦屋肆間

8 營生：養種

［ST—Z：3・50b・473］

1 一户馬阿僧，元係湖州路德清縣北界人氏，亡宋乙亥年前故父馬伯肆作民户附籍，至元十三年正月內□

2 隨衆歸附，後於至元二十六年十二月內□馬伯肆身故是□

3 户，見於本界住坐應當民役

4 計家：親屬壹口

5 男子不成丁壹口馬阿僧年壹拾貳歲

6 事産：

7 陸地貳分肆厘

8 瓦屋叁間

9 營生：求親贍口

葉五十一上

[ST—Z : 3 · 51a · 474]

一户稽阡捌㛐，元係湖州路德清縣金鵝鄉拾伍都觀宅村壹保人氏，亡宋乙亥年前作民户附籍，至元十三□
村歸附，見於本保住坐應當民役
計家：親屬叁口
男子不成丁壹口男阿長年柒歲
婦女貳口
稽阡捌㛐年伍拾歲　　女阿拾年玖歲
事産：
田地肆畝捌分柒厘
水田肆畝陸分伍厘　　陸地貳分貳厘
瓦屋壹間壹步
營生：佃種杭州路中天竺寺田伍分

[ST—Z : 3 · 51a · 475]

一户沈貳㛐，元係湖州路德清縣金鵝鄉拾伍都觀宅村壹保人氏，亡宋乙亥年前作民户附籍，至元十三□
本村歸附，見於本保住坐應當民役
計家：親屬叁口

4　男子不成丁壹口男阿丑年壹拾歲
5　婦女貳口
6　沈貳娘年肆拾柒歲　女阿奴年陸歲
7　事産：
8　陸地叁畝伍分
9　瓦屋壹間
10　營生：守産

［ST—Z：3・51b・476］

1　一户沈伯肆娘，元係湖州路德清縣金鵝鄉拾伍都觀宅村壹保人氏，亡宋乙亥年前作民户附籍，至元十□
2　本村歸附，見於本保住坐應當民役
3　計家：親屬壹口
4　婦女壹口沈伯肆娘年柒拾歲
5　事産：
6　水田捌畝伍分

［後闕］

葉五十二上

[ST—Z : 3 • 52a • 477]

一户吴叁捌，元係湖州路德清縣金鵝鄉拾伍都城頭村貳保人氏，亡宋乙亥年前作民户附籍，至元□
内於本村歸附，見於本保住坐應當民役
計家：親属伍口
男子不成丁叁口
吴叁捌年陸拾肆歲　弟叁拾年陸拾壹歲
姪觀長年壹拾壹歲
婦女貳口
弟婦章拾娘年伍拾壹歲　女阿壹年壹拾叁歲
事産：
田地蕩柒畝壹分貳厘
水田伍畝　陸地壹畝壹分貳厘
蕩壹畝
瓦屋壹間半壹步
船壹隻

15 營生：養種，佃田

[ST—Z：3·52b·478]

1 一户忻拾肆，元係湖州路德清縣金鵝鄉拾伍都城頭村人氏，亡宋乙亥年前作民户附籍，至元十三年□

2 村歸附，見於本保住坐應當民役

3 計家：親属貳口

4 男子不成丁貳口

5 忻拾肆年陸拾捌歲　男阡貳年壹拾肆歲

6 事産：

7 田地叁畝肆分

8 水田叁畝柒厘　陸地叁分叁厘

9 瓦屋壹間半

10 營生：養種

[ST—Z：3·52b·479]

1 一户沈柒壹，元係湖州路德清縣金鵝鄉拾伍都溪頭村貳保人氏，亡宋乙亥年前作民户附籍□

2 正月内於本村歸附，見於本保住坐應當民役

3 計家：親属貳口

4 男子不成丁貳口

[後闕]

葉五十三上

〔ST—Z：3・53a・480〕

〔前闕〕

男子不成丁貳口

蔡叁玖年陸拾陸歲　男聖保年肆歲

婦女貳口

妻錢阡壹娘年伍拾叁歲　女阿多年壹拾伍歲

營生：手趁

〔ST—Z：3・53a・481〕

一户徐伯肆，元係湖州路德清縣北界人氏，亡宋乙亥年前作民户附籍，至元十三年正月内在本縣隨衆□

於本界住坐應當民役

計家：親屬叁口

男子不成丁壹口徐伯肆年陸拾柒歲

婦女貳口

妻王阡陸娘年伍拾壹歲　女小妹年壹拾伍歲

事産：

陸地壹分叁厘

瓦屋壹間壹步

營生：雜趁

〔ST—Z：3・53a・482〕

一户蔡叁貳，元係湖州路德清縣北界人氏，亡宋乙亥年前作民户附籍，至元十三年正月内在本縣隨□

見於本界住坐應當民役

計家：親屬叁口

男子貳口
不成丁貳口
蔡叄貳年捌拾歲　孫男土保年壹拾叄歲
婦女壹口妻賴氏年柒拾捌歲
事産：
陸地貳分伍厘
瓦屋貳間
營生：賣黄白紙

[ST—Z：3・53b・483]

一户沈萬壹，元係湖州路德清縣北界人氏，亡宋乙亥年前作民户附籍，至元十三年正月内在本縣□
附，見於本界賃房住坐應當民役
計家：親屬叄口
男子不成丁壹口沈萬壹年陸拾壹歲
婦女貳口
母應阡叄娘年柒拾玖歲　女壽壹娘年壹拾陸歲
營生：手趁

葉五十四上

[ST—Z : 3 • 54a • 484]

［前闕］

婦女貳口

妻阿姚年陸拾陸歲　女萬伍娘年貳拾伍歲

事産：

陸地叁分叁厘

瓦屋叁間貳厦

營生：賣荳腐

[ST—Z : 3 • 54a • 485]

一户管伯伍，元係湖州路德清縣北界人氏，亡宋乙亥年前作民户附籍，至元十三年正月内在本縣隨衆歸□

住坐應當民役

計家：親屬貳口

男子不成丁壹口管伯伍年柒拾壹歲

婦女壹口妻倪貳娘年伍拾玖歲

事産：

田地柒畝叁分陸厘

水田陸畝　陸地壹畝叁分陸厘

瓦屋壹間壹步
營生：賣油鑊

[ST—Z：3·54b·486]

一户吴州判名珪親女吴奴奴，元係湖州路德清縣北界人氏，亡宋乙亥年前父作官户附籍，至元十□
在瓊州隨衆歸附，至元二十五年八月内入舍在杭州北[録]□
家園站馬户李團使家作養老壻分房奴奴前來本□
應當民役
計家：貳口
親屬壹口
婦女壹口吴奴奴年伍歲
典顧身人壹口
婦女壹口鄧進悳年貳拾伍歲
事産：
田地山蕩貳頃貳拾肆畝肆厘
水田壹頃柒拾捌畝柒分伍厘　陸地壹拾壹畝伍分肆[厘]
山叁拾壹畝柒分伍厘　蕩貳畝
[後闕]

葉五十五上

[ST—Z：3・55a・487]

[前闕]

1 界住坐應當民户差役

2 計家：親屬肆口

3 男子不成丁貳口

4 趙時憶年柒拾歲　男夢祖年陸歲

5 婦女貳口

6 女壽娘年貳拾歲　女小奴年玖歲

7 事産：

8 水田柒畝柒分伍厘　賃房住坐

9 營生：教學

[ST—Z：3・55a・488]

1 一户馮阡伍，元係湖州路德清縣北界人氏，亡宋乙亥年前作民户附籍，至元十三年正月内在本縣隨衆歸□

2 界住坐應當民户差役

3 計家：伍口

4 親屬肆口

5 男子貳口

成丁壹口馮阡伍年肆拾歲
不成丁壹口男福老年叁歲
婦女貳口
妻蔡阡肆娘年叁拾玖歲　女住奴年壹歲
典顧身人婦女壹口沈肆娘年貳拾壹歲，係歸安縣樊澤村張添伍妻
事産：
地山壹拾伍畝柒分壹厘
陸地柒分壹厘　山壹拾伍畝
瓦屋貳間貳步
營生：賣酒

[ST—Z：3·55b·489]

一户高阡壹，元係湖州路德清縣北界人氏，亡宋乙亥年前作民户附籍，至元十三年正月内在本縣隨衆□
於本界住坐應當民户差役
計家：親屬伍口
男子貳口
成丁壹口高阡壹年肆拾壹歲
[後闕]

葉五十六上

[ST—Z：3・56a・490]

〔前闕〕

事産：

　陸地貳畝壹分貳厘伍毫

營生：手趁

[ST—Z：3・56a・491]

一户姚阡陸，元係湖州路德清縣北界人氏，亡宋乙亥年前故父姚小肆爲户作民户附籍，至元十□

內在本縣隨衆歸附，至元十六年蒙官司取勘得本户□

叁分柒厘伍毫，分揀作採茶户計，見於本界住坐應[當]

計家：親屬壹口

　男子成丁壹口姚阡陸年貳拾肆歲

事産：

　陸地貳畝陸分叁厘

　瓦屋貳間

營生：賣柴

[ST—Z：3・56a・492]

一户朱阡壹，元係湖州路德清縣北界人氏，亡宋乙亥年前作民户附籍，至元十三年正月內□

隨衆歸附，後於至元十六年蒙官司取勘得本□

3 地貳分壹厘，分揀作採茶户計，見於本界賃□

4 應當

5 計家：親属壹口

6 男子成丁壹口朱阡壹年肆拾伍歲

7 營生：養種

〔ST—Z：3・56b・493〕

1 一户姚蔣阡壹，元係湖州路德清縣北界人氏，亡宋乙亥年前作民户附籍，至元十三年正月□

2 縣隨衆歸附，後於至元十六年蒙官司取勘得□

3 茶地陸畝，分揀作採茶户計，見於本界住坐應當

4 計家：親属伍口

5 男子不成丁壹口姚蔣阡壹年陸拾捌歲

6 婦女肆口

〔後闕〕

葉五十七上〔一〕

水
陸
山
塘
常
水
陸
山
塘
亡
水
陸
山
塘
歸
僧
納
常
買

〔一〕該葉性質與其他葉不同，似爲某種土地賬之書式。

葉五十七下〔一〕

〔一〕葉五十七下未見字迹。

葉五十八上

［ST—Z：3·58a·494］

［前闕］

成丁壹口沈貳拾年叁拾伍歲

事産：

田地伍畝貳分伍厘

水田伍畝　陸地貳分伍厘

瓦屋壹間

營生：養種

［ST—Z：3·58a·495］

一户沈伯陸，元係湖州路德清縣金鵝鄉拾肆都壹保海卸村人氏，亡宋乙亥年前民户附籍，至□

内本村歸附，見於本保住坐應當民役

計家：親屬壹口

男子成丁壹口沈伯陸年伍拾玖歲

事産：

水田玖畝柒分伍厘　瓦屋壹間

營生：養種

［ST—Z：3・58b・496］

1 一户沈阡叁，元係湖州路德清縣金鵝鄉拾肆都壹保海卸村人氏，亡宋乙亥年前

2 正月内本保歸附，見於本保住坐應當民役

3 計家：親屬壹口

4 男子成丁壹口沈阡叁年叁拾柒歲

5 事産：無，賃房住坐

6 營生：養種，帶佃杭州煙霞寺田叁畝柒分伍厘

［ST—Z：3・58b・497］

1 一户沈阡捌，元係湖州路德清縣金鵝鄉拾肆都壹保海卸村人氏，亡宋乙亥年前民户附籍，至

2 正月内本村歸附，見於本保住坐應當民役

3 計家：親屬壹口

4 男子成丁壹口沈阡捌年叁拾伍歲

5 事産：

6 陸地壹分叁厘　　瓦屋壹間

7 營生：養種，佃田

［ST—Z：3・58b・498］

1 一户沈阡壹，元係湖州路德清縣金鵝鄉拾肆都壹保海卸村人氏，亡宋乙亥年前民户附籍，至元

2 本村歸附，見於本保住坐應當民役

3 計家：親屬男子成丁壹口沈阡壹年叁拾叁歲

4 事産：草屋壹間

［後闕］

葉五十九上

[ST—Z：3・59a・499]

［前闕］

婦女壹口妻羊陸娘年陸拾伍歲

事産：瓦屋壹間半

營生：佃田

[ST—Z：3・59a・500]

二

一户孫拾壹，元係湖州路德清縣金騅鄉拾捌都下舍村拾壹保人氏，亡宋乙亥年前作民户附籍，至元□

於本村隨衆歸附，見於本保住坐應當民役

計家：親屬伍口

男子不成丁貳口

孫拾壹年陸拾壹歲　男回孫年玖歲

婦女叁口

妻沈肆伍娘年伍拾歲　女伴姐年壹拾貳歲

女阿多年叁歲

事産：

田地肆畝捌分伍厘

水田肆畝貳分伍厘　陸地陸分

賃房住坐

營生：養種

[ST—Z：3・59a・501]

六

一户沈伍，元係湖州路德清縣金騅鄉拾捌都下舍村拾壹保人氏，亡宋乙亥年前作民户附籍□

於本村隨衆歸附，見於本保住坐應當民役
計家：親屬伍口
男子不成丁叁口
沈伍年陸拾陸歲　男叁頂年伍歲
男小尟年叁歲
婦女貳口
妻楊陸娘年伍拾陸歲　女陸肆娘年壹拾叁歲
事産：
瓦屋壹間壹厦　船壹隻
營生：佃種杭州路妙浄寺田陸畝

[ST—Z : 3・59b・502]

五

一户王貳，元係杭州路在城錢塘縣界軍將橋人氏，亡宋乙亥年前作民户附籍，至元十三年正月内在本處歸□
年移居湖州路德清縣金難鄉拾捌都下舍村拾壹保住坐[應]□
計家：親屬叁口
男子不成丁貳口
王貳年陸拾壹歲　男興壽年陸歲
婦女壹口妻沈拾娘年肆拾伍歲
事産：無，賃房住坐
營生：教導童蒙

葉六十上

[ST—Z：3·60a·503]

三

1 一户忻阡柒，元係湖州路德清縣金雞鄉拾捌都下舍村拾壹保人氏，亡宋乙亥年前作民户附籍，至元□

2 內於本村隨衆歸附，見於本保住坐應當民役

3 計家：親屬叁口

4 男子不成丁貳口

5 忻阡柒年陸拾陸歲　男土興年玖歲

6 婦女壹口女忻伍娘年肆拾歲

7 事産：

8 陸地伍分　瓦屋壹間半

9 營生：養種，佃田

[ST—Z：3·60a·504]

四

1 一户沈叁柒，元係湖州路德清縣金雞鄉拾捌都下舍村拾壹保人氏，亡宋乙亥年前作民户附籍□

2 正月內於本村隨衆歸附，見於本保住坐應當民役

3 計家：親屬貳口

4 男子不成丁貳口

5 沈叁柒年柒拾肆歲　男沈阿叁年陸拾壹歲

6 事産：瓦屋壹間半
7 營生：佃田

[ST—Z：3・60b・505]

一

1 一户沈柒，元係湖州路德清縣金雞鄉拾捌都下舍村拾壹保人氏，亡宋乙亥年前作民户附籍□
2 正月内於本村隨衆歸附，見於本保住坐應當民役
3 計家：親属叁口
4 男子不成丁貳口
5 沈柒年陸拾陸歲　男阿捌年壹拾叁歲
6 婦女壹口妻曹肆娘年伍拾陸歲
7 事産：
8 田地壹畝伍分
9 水田壹畝貳分伍厘　陸地貳分伍厘
10 瓦屋壹厦
11 營生：養種，帶佃浄慈寺莊田貳畝貳分伍厘

[ST—Z：3・60b・506]

七

1 一户錢拾叁，元係湖州路德清縣金雞鄉拾捌都下舍村拾壹保人氏，亡宋乙亥年前作民户附籍，至元□
2 於本村隨衆歸附，見於本保住坐應當民役
3 計家：親属貳口
4 男子不成丁壹口錢拾叁年陸拾肆歲

[後闕]

葉六十一上

〔ST—Z：3·61a·507〕

一户沈拾，元係湖州路德清縣金雞鄉拾捌都下舍村拾保人氏，亡宋乙亥年前作民户附籍，至元十三□
本村隨衆歸附，見於本保住坐應當民役
計家：親属伍口
男子叁口
成丁壹口姪伯伍年貳拾伍歲
不成丁貳口
沈拾年陸拾壹歲　男阿小年壹拾歲
婦女貳口
妻沈叁壹娘年伍拾歲　女阿多年伍歲
事産：
水田壹畝　瓦屋壹間
營生：養種，佃田

〔ST—Z：3·61a·508〕

一户沈捌壹，元係湖州路德清縣金雞鄉拾捌都下舍村拾保人氏，亡宋乙亥年前作民户附籍，至元□
於本村隨衆歸附，見於本保住坐應當民役
計家：親属伍口

男子肆口
成丁叁口
沈捌壹年肆拾玖歲　弟捌肆年叁拾柒歲
弟捌伍年叁拾肆歲
不成丁壹口男阿回年壹拾肆歲
婦女壹口母姚念貳娘年柒拾壹歲
事産：
陸地叁畝　瓦屋貳間壹步
營生：養種，佃田

[ST—Z：3·61b·509]

一户徐拾陸，元係湖州路德清縣金鵝鄉拾捌都下舍村拾保人氏，亡宋乙亥年前作民户附籍，至□
正月内於本村隨衆歸附，見於本保住坐應當民役
計家：玖口
親屬捌口
男子肆口
[後闕]

葉六十二上

[ST—Z：3·62a·510]

［前闕］

男子貳口

成丁壹口沈玖年伍拾陸歲

不成丁壹口男阿換年壹拾肆歲

婦女貳口

母沈玖娘年陸拾貳歲　兒婦周壹娘年壹拾柒歲

事産：瓦屋貳間貳步

營生：佃種新塘村竟花寺田伍畝，本縣姚塢宝林庵田貳畝伍分伍厘

[ST—Z：3·62a·511]

一户吴伍柒，元係湖州路德清縣金鵝鄉拾捌都下舍村拾保人氏，亡宋乙亥年前作民户附籍，至元十□

於本村隨衆歸附，見於本保住坐應當民役

計家：親属肆口

男子叁口

成丁貳口

吴伍柒年肆拾柒歲　男吴萬貳年貳拾壹歲

不成丁壹口男李孫年壹拾壹歲

婦女壹口妻沈捌□年伍拾歲

事産：
瓦屋貳間
營生：開羅磨店

［ST—Z：3・62b・512］

一户沈念伍，元係湖州路德清縣金雞鄉拾捌都下舍村拾保人氏，亡宋乙亥年前作民户附籍，至元十□
於本村隨衆歸附，見於本保住坐應當民役
計家：親属貳口
男子成丁壹口沈念伍年貳拾伍歲
婦女壹口母阿宋年陸拾叁歲
事産：
田地壹拾肆畝
水田壹拾貳畝　　陸地貳畝
瓦屋貳間
營生：養種

［ST—Z：3・62b・513］

一户施肆貳，元係湖州路德清縣青坡村人氏，亡宋乙亥年前作民户附籍，至元十三年正月内在本處隨衆［歸］□
［後闕］

［ST—Z：3・63a・514］

［前闕］

男子成丁叁口
沈伯柒年陸拾歲　弟沈捌年伍拾叁歲
男捌壹年壹拾玖歲
婦女壹口母褚肆娘年柒拾玖歲
事産：
田地陸畝
水田伍畝　陸地壹畝
瓦屋貳間壹厦
營生：養種，帶佃本村安国寺新寺主田伍畝

［ST—Z：3・63a・515］

一户沈拾陸，元係湖州路德清縣金鵝鄉拾捌都下舍村拾壹保人氏，亡宋乙亥年前作民户附籍，至□
內於本村隨衆歸附，見於本保住坐應當民役
計家：親屬肆口
男子成丁貳口
沈拾陸年陸拾歲　男伯伍年叁拾歲

婦女貳口
兒婦楊捌娘年貳拾伍歲　女小𡭗年貳拾歲
事産：
水田陸畝伍分　草屋貳間
頭疋：牛壹隻
營生：養種，帶佃杭州明因寺田叁畝

［ST—Z：3・63b・516］

一户沈伯柒，元係湖州路德清縣金鵝鄉拾捌都下舍村拾壹保人氏，亡宋乙亥年前作民户附籍，至〔元〕□
月内於本村隨衆歸附，見於本保住坐應當民役
計家：親屬玖口
男子伍口
成丁叁口
沈伯柒年伍拾歲　男沈阡叁年壹拾玖歲
女夫沈伯肆年貳拾伍歲
不成丁貳口
男沈阿長年伍歲　男伴長年壹歲

［後闕］

葉六十四上

1 計家：親屬柒口〔一〕
2 男子叁口
3 成丁貳口
4 胡陸貳年貳拾歲　　姊夫褚肆叁年肆拾柒[歲]
5 不成丁壹口男阿換年壹歲
6 婦女肆口
7 母沈玖娘年柒拾貳歲　　姊胡阡叁娘年肆拾伍歲
8 妻忻壹娘年貳拾伍歲　　妹胡貳娘年壹拾伍歲
9 事産：
10 田地玖畝柒分伍厘
11 水田捌畝柒分伍厘　　陸地壹畝
12 瓦屋貳間壹步　　船壹隻
13 營生：養種，帶佃安国寺田貳畝貳分伍厘，圓鏡庵田壹畝

[ST—Z：3·64a·517]

1 一户沈肆壹，元係湖州路德清縣金雞鄉拾捌都下舍村拾壹保人氏，亡宋乙亥年前作民户附籍□
2 正月内於本村隨衆歸附，見於本保住坐[應]當□

〔一〕該户爲「胡陸貳」户，據本葉後面人户信息可知，其應與同册葉二十「胡陸貳」户皆爲「湖州路德清縣金鵝鄉拾捌都下舍村拾壹保」民户，極可能係同一户，又結合兩處人户内容關繫，大概推斷同册葉二十「胡陸貳」户内容爲本户缺失的户頭部分。另，本葉與同册葉二十筆迹一致，當抄自一人，也印證了兩葉爲連續葉的推測。

3 計家：親屬叁口
4 男子叁口
5 成丁貳口
6 男捌壹年叁拾陸歲　男捌貳年叁拾歲
7 不成丁壹口沈肆壹年陸拾陸歲
8 事産：瓦屋壹間半
9 營生：佃種本村安国寺新長老田貳畝

[ST—Z：3・64b・518]

1 一户沈叁玖，元係湖州路德清縣金雞鄉拾捌都下舍村拾壹保人氏，亡宋乙亥年前作民户附籍□
2 正月内於本村隨衆歸附，見於本保住坐應當民□
3 計家：親屬陸口
4 男子叁口
5 成丁壹口沈叁玖年陸拾叁歲
6 不成丁貳口
7 男伯拾年壹拾肆歲　孫胡孫年壹拾歲

[後闕]

葉六十五上

［ST—Z：3・65a・519］〔一〕

〔前闕〕

1 陸地壹畝

2 瓦屋壹間壹厦

3 營生：佃種蠡山宝嚴院田貳畝捌分

［ST—Z：3・65a・520］

1 一户沈叁叁，元係湖州路德清縣金鵝鄉拾捌都下舍村拾壹保人氏，亡宋乙亥年前民户附籍，至□

2 正月内本村歸附，見於本保賃房住坐應當民役

3 計家：親屬壹口

4 男子不成丁壹口沈叁叁年柒拾肆歲

5 事産：陸地貳厘

6 營生：草鞋

［ST—Z：3・65a・521］

1 一户沈伯捌，元係湖州路德清縣金鵝鄉拾捌都下舍村拾壹保人氏，亡宋乙亥年前民户附籍，至元□

〔一〕該户有墨筆劃痕。

內本村歸附，見於本保住坐應當民役
計家：親屬伍口
男子不成丁叁口
沈伯捌年陸拾肆歲　男聖保年壹拾肆□
男阿伴年玖歲
婦女貳口
妻郭叁娘年伍拾歲　女阿陸娘年壹拾柒歲
事産：
陸地壹畝陸分壹厘
瓦屋貳間
營生：養種，佃田

葉六十六上

[ST—Z：3·66a·522]

[前闕]

1 婦女叁口
2 妻張念陸娘年肆拾伍歲　兒婦程伍娘年貳拾陸歲
3 孫女婆女年伍歲
4 事産：
5 田地蕩叁拾伍畝柒分貳厘
6 水田貳拾伍畝柒分　陸地貳畝叁分伍厘
7 蕩柒畝陸分柒厘
8 房屋伍間
9 瓦屋肆間　草船屋壹間
10 船壹隻
11 營生：養種，佃田

[ST—Z：3·66a·523]

1 一户沈阡叁，元係湖州路德清縣金鵝鄉拾肆都大麻村陸保住坐人氏，亡宋乙亥年前作民户附籍，至元十三年正月内□
2 歸附，見於本保住坐應當民役
3 計家：親屬伍口

男子貳口
成丁壹口沈阡叁□叁拾陸歲
不成丁壹口男添長年捌歲
婦女叁口
母沈叁娘年陸拾歲　　妻范阡壹娘年貳拾捌歲
女阿奴年貳歲
事産：
田地蕩伍畝肆分
水田肆畝壹分　　陸地叁分
蕩壹畝
瓦屋貳間
營生：養種，并帶種仁和縣明因寺順大師田肆畝

[ST—Z : 3 · 66b · 524]

一户沈阡壹，元係湖州路德清縣金鵝鄉拾肆都大麻村陸保住坐人氏，亡宋乙亥年前作民户附籍，至元十三年□
本村歸附，見於本保住坐應當民役
計家：親属伍口
〔後闕〕

〔一〕葉六十六下有墨筆劃痕。